高等院校计算机应用系列教材

U0368690

Camtasia Studio 微课制作
实例教程
(第 2 版) (微课版)

方其桂 主 编

江 浩 张 青 副主编

清華大學出版社

北 京

内 容 简 介

基于微课的翻转课堂教学已在中小学迅速普及，它满足了学生个性化学习的需要。微课制作逐渐成为中小学教师必须掌握的基本教育技术之一，而 Camtasia Studio 则是目前最常用的微课制作软件。本书从微课制作的理论基础知识出发，通过中小学各学科的典型微课实例，详细介绍了使用 Camtasia Studio 制作微课的相关技术与技巧。全书理论与实践相结合，图文并茂，资源丰富，易教易学。

本书可作为高等院校教育技术通识教材或相关专业微课制作教材，也可作为教育部门各级各类相关教育技术培训参考用书，还可作为中小学教师提升教育技术的自学用书。

本书封面贴有清华大学出版社防伪标签，无标签者不得销售。

版权所有，侵权必究。举报：010-62782989，beiqinquan@tup.tsinghua.edu.cn。

图书在版编目(CIP)数据

Camtasia Studio 微课制作实例教程：微课版 / 方其桂主编. —2 版. —北京：清华大学出版社，2022.11
高等院校计算机应用系列教材
ISBN 978-7-302-62011-2

Ⅰ. ①C… Ⅱ. ①方… Ⅲ. ①多媒体课件－制作－高等学校－教材 Ⅳ. ①G436

中国版本图书馆 CIP 数据核字(2022)第 187596 号

责任编辑：刘金喜
封面设计：常雪影
版式设计：思创景点
责任校对：成凤进
责任印制：沈　露

出版发行：清华大学出版社
　　　　　网　　　址：http://www.tup.com.cn，http://www.wqbook.com
　　　　　地　　　址：北京清华大学学研大厦 A 座　　　　　邮　　编：100084
　　　　　社 总 机：010-83470000　　　　　邮　　购：010-62786544
　　　　　投稿与读者服务：010-62776969，c-service@tup.tsinghua.edu.cn
　　　　　质 量 反 馈：010-62772015，zhiliang@tup.tsinghua.edu.cn
印 装 者：三河市铭诚印务有限公司
经　　销：全国新华书店
开　　本：185mm×260mm　　　　印　　张：14.75　　　　字　　数：331 千字
版　　次：2017 年 4 月第 1 版　　2022 年 11 月第 2 版　　印　　次：2022 年 11 月第 1 次印刷
定　　价：59.80 元

产品编号：090036-01

前　　言

随着信息技术的迅猛发展，社会各个领域都发生了颠覆性的变革，信息化和大数据已经改变了人们的工作、生活和交流方式，以及知识生产方式。同样，在教育领域，教育信息化的发展，带来了教育形式和学习方式的重大变革，促进了教育改革，并对传统的教育思想、观念、模式、内容和方法产生了巨大冲击。

一、微课的作用

信息技术的泛在特性，在我们的生活中创造了一个又一个"微"生活，如微信、微博、微电影、微视频等。近年来，翻转学习、混合学习、移动学习、碎片化学习等多种新型学习方式正努力突破传统的教学方式，取得了良好的教学效果，它们都无一例外地用到了一个"微"——微课。微课的出现，为教育教学的新变革增加了可能性。

1. 微课改变了教学设计方式

微课虽然短小，但效果明显，其通过多种方式，将思维过程转变成了可视化的微小课程。学生从微课中不仅能学到知识，还能培养正确的思维方式。

2. 微课改变了课堂组织方式

微课为撬动课堂结构提供了资源。微课支持下的翻转课堂的教学模式，对原有教学组织形式进行了重构，实现了学生在课外通过微课学习知识点，进行信息传递，在课堂上进行吸收内化，获得高阶思维的能力。

3. 微课改变了传统教学模式

目前，教师利用"微课素材包"获取线上与线下学习素材和教学素材，借助网络搭建线上学习平台，对教学资源进行整合，开展线上与线下的混合式教学，给课堂注入了更多的活力。

4. 微课改变了学习方式

从学习者的角度来说，微课不仅适用于移动学习时代知识的传播，也能满足学习者个性化、深度学习的需求。微课是未来泛在学习和终身学习的重要技术支持手段之一。

二、编写动因

微课开发的范围较广，可以针对某一个知识点、某一堂课开发，也可以针对某一个单元、教材上的某一章(节)开发，还可以针对某一个学生学习的重难点开发。微课除了制作的微视频之外，还包括与微视频配套的教学设计、视频制作脚本、评价检测题、相关学习资源等。微课制作已经逐步成为中小学教师必须掌握的一项基本技能。微课的制作方法有多种，目前使用 Camtasia Studio 软件制作微课是最常用的方法。

鉴于微课应用越来越普及，而广大中小学教师没有系统学习过微课制作，为此我们组织有丰富微课制作经验的一线教师、教研员编写了本书，以便更好地帮助中小学教师将信息技术工具应用到自己的课堂教学中，从而取得更好的教学效果，提升教学效率。通过阅读本书，读者可以全面了解什么是翻转课堂、翻转课堂的组织与实施。本书还详细介绍了微课的设计、拍摄、制作及使用等方面的知识，使读者能够轻松地制作出可应用于实际教学的微课。因此，本书定位于所有想使用 Camtasia Studio 制作微课的教师。

三、修订方向

《Camtasia Studio 微课制作实例教程》出版后，受到读者肯定，多次印制。我们这次组织优秀教师对此书进行了修订，修订时主要做了以下几方面的改进。

- 完善体系：进一步精心修改、完善内容结构，使知识分布详略得当、科学有度。
- 更新软件：将所涉及的软件更新到最新版本，便于参考学习。
- 优化内容：增补了实用性和技巧性强的内容，更切合微课制作所需。
- 调整案例：更新了部分微课案例，使之更贴近教学实践。

四、本书特色

本书在编写修订时，努力体现如下特色。

- 内容实用：本书所有实例均选自现行中小学教材，涉及主要学科，内容编排合理。每个实例都通过"跟我学"来展示具体操作步骤，其中包括多个"阶段框"，将任务进一步细化成若干小任务，降低了阅读和理解的难度。
- 图文并茂：在介绍具体操作步骤的过程中，语言简洁，基本上每个步骤都配有对应的插图，用图文来分解复杂的步骤。路径式图示引导，可使读者在翻阅图书的同时上机进行实践操作。
- 提示技巧：本书对读者在学习过程中可能会遇到的疑问以"小贴士"和"知识库"的形式进行了说明，以避免读者在学习的过程中走弯路。

- 资源配套：本书的配套资源包括实例文件和教学视频两部分。实例文件包含实例素材和获奖微课等内容，与书中知识紧密结合、相互补充，可通过扫描下方二维码获取百度网盘链接地址；教学视频可通过扫描书中二维码观看。

实例文件

五、编写人员

参与本书编写的作者有省级教研人员和微课制作获奖教师，他们不仅对微课制作有一定的研究，还具有较为丰富的图书编写经验。

本书由方其桂担任主编，江浩、张青担任副主编。具体分工如下：江浩负责编写第 1 章、第 2 章、第 5 章和第 7 章，任冬梅负责编写第 3 章，鲍却寒负责编写第 4 章，王元生负责编写第 6 章，方其桂负责整理制作配套资源。此外，殷小庆、夏兰、汪华、陈晓虎、冯士海、周木祥、赵家春、张晓丽、赵青松、陈金龙也参与了本书编写。感谢姚祚凤、陈娜、戴静、徐志杰、张俊、谌祥波、李盼盼、花锦、孙国平、陈春英老师提供的课件、微课。

虽然我们有着十多年编写计算机图书(已累计编写近百本)的经验，并尽力认真构思验证和反复审核修改，但本书中难免有一些瑕疵。我们深知一本图书的好坏，需要广大读者去检验评说，在此我们衷心希望您对本书提出宝贵的意见和建议。读者在使用本书的过程中，对同样实例的制作，可能会有更好的制作方法，也可能对书中某些实例的制作方法的严谨性和实用性存在质疑，敬请读者批评指导。我们的网站为 http://www.ahjks.cn/，图书服务电子邮箱为 476371891@qq.com。

方其桂

2022 年 11 月

目　　录

第 1 章

微课制作基础

　　信息技术的高速发展给人们的工作和生活带来了巨大的改变。信息技术的泛在特性，在我们的生活中创造了一个又一个"微"生活，如微信、微博、微电影、微视频等。近年来，随着技术与教学的融合，"微课"火遍大江南北，成为当前教育信息化的热点之一。

　　那么，什么是微课？它有哪些类型和特点？如何基于微课开展教学，教学模式是如何有效组织和实施的？微课制作的基本流程和方法是什么？常见微课制作工具的基本使用方法有哪些？这些问题都是进行微课制作前需要了解的基础知识。本章将对这些问题进行解答和阐述。

本章内容

- 微课知识概述
- 微课教学应用
- 微课制作流程
- 微课制作方法
- 初识 Camtasia Studio

1.1 微课知识概述

随着"微"热潮的掀起，在教育领域，"微"教学模式——微课也悄然兴起，它以精简、高效的特点，正在深刻地影响着教学课堂。微课，从字面上可以通俗地理解为微小的课，即"形体齐备而规模较小的课"。

1.1.1 微课的含义

1. 微课的定义

美国戴维·彭罗斯于 2008 年首次提出"微课"的概念，2011 年此概念被引入我国并被广泛应用。从教学过程来看，通俗地讲，微课是传播知识的微视频，它短小精悍，是围绕单一知识点进行有针对性讲解的一段视频教程。这些知识点可以是教材解读、题型精讲、考点归纳，也可以是方法传授、教学经验等技能方面的知识讲解和展示。

它除了具备微视频资源之外，还具备传统课程设计所需要的资源，如教学设计、教学课件、练习测试、教学反思、学生反馈和教师评价等。微课时长比典型课例的录像教学时长要短，一般在 5～8 分钟。

2. 微课的组成

狭义上的微课，一般指微课视频资源。近年来，随着研究和应用的深入，对于微课的组成，提出了"形体齐备"的要求，即微课除了具备微视频这一主要资源以外，还需要有其他相关配套组成部分。学生和教师两个层面的配套设计共同构成了微课的完整呈现形式。图 1-1 为微课组成示意图。

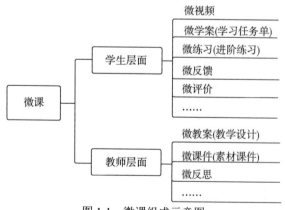

图 1-1　微课组成示意图

从学生层面来说，作为"面向学习者"的微课资源，除了要围绕学生端设计制作优质的微课视频资源外，还要面向学习对象提供基于学习过程的一系列配套资源，如微学案(学习任务单)、微练习(进阶练习)、微反馈和微评价等，将这些资源以一定的结构关系呈现给学习者，"营造"一个半开放的、相对完整的、交互性良好的、适合自主学习的知识传递环境。

从教师层面来说，不仅要结合课堂知识的传授过程，还要针对教师端提供相关的教学设计(微教学设计——对微课教学活动的简要设计和说明)、素材课件(微课件——利用微课进行教学时所用到的多媒体教学课件)、教学反思(微反思——教学活动之后的体会、反思、改进措施)等。

1.1.2　微课的特征

微课之"微"是微课资源形式变化上的首要特征，具体说来就是"小"而"精"，而微课盛行的核心竞争力应该是"面向学习者"，这是它的核心特征。国内针对微课总结的"四微"特征能很好地概括微课的特征。

1. 微课"位微不卑"

微课虽然短小，不及一般课程丰富，但是它意义非凡、效果明显，是非常重要的教学资源。相比于传统的 40 或 45 分钟一节课的教学课例来说，微课的教学时长较短。根据中小学生的认知特点和学习规律，微课核心组成内容的教学视频时长一般为 5～8 分钟，最长不宜超过 10 分钟。正是因为微课视频时长较短，所以其文件较小，总容量一般为几十兆字节，制作过程相对容易，适应当下互联网短视频制作和传播的需求，给微课的管理和分享提供了物理保障，方便师生在教学过程中实现移动学习和泛在学习。微课非常适于教师的观摩、评课、反思和研究，是目前主流的教学资源之一。

2. 微课"课微不小"

微课虽然短小，但它的知识内涵和教学意义非常大，有时听一个短小的微课比听几十节课都有用。微课选题小，主要是为了突出课堂教学中某个学科关键知识点(如重点、难点、疑点内容)的教学，或者是反映课堂中某个教学环节、教学主题的教与学活动，其教学内容少，时间短，是集中说明一个问题的小课程。相对于传统一节课中要完成的复杂众多的教学内容，微课的设计突出"精"，其内容设计更加精简、紧凑、严谨、不拖泥带水，微课中的每分钟甚至每秒都要经过精心设计，在设计微课时除了要有常规的教学设计以外，还需要有详细的脚本规划及镜头的组织安排。因此，应用微课进行教学，问题集中，主题突出，更能满足教学需求。

3. 微课"步微不慢"

微课教学应用"小步子"原则，一个微课用于讲解一两个知识点，看似很慢，但稳步推进，实际效果并不慢。相比常态的传统课堂，基于微课的教学，目标往往瞄准的是知识体系中的重点和难点内容，目标准确，针对性强。加上微课的配套设计，学生能及时知道自己对相关重难点知识的掌握情况，获得反馈信息。在实际使用过程中，微课可以被反复观看，加以辅助的学习材料，可以帮助学生理解和掌握各个知识点，是支持学生个性化学习的重要手段。

4. 微课"效微不薄"

微课有积少成多、聚沙成塔的作用，通过对微知识的不断学习，可以获得大道理和大智慧。

微课的核心特征是"面向学习者"。微课的持久生命力，除依托其形式上"微"的特征外，更依靠"面向学习者"这个核心特征，这也是微课区别于其他教学资源的重要特性。相较于以往的教学设计、课件、习题等教学资源，微课才是真正为学习者准备的资源，是最直接、最有效、最为学生乐见的学习资源。微课可以是学习者自主学习的课程，也可以是学生自主学习的支架，为学生自定步调开展自主的个性化学习提供了可能。因此，从实际效果来看，微课资源的使用往往能稳步推进学生的学习过程，提高整体学习效果。

1.1.3　微课的分类

按照不同的分类依据，可以将微课分为不同的类型。按教学方式分类，通常分为讲授类、演示类、实验类、讨论类和练习类微课等；按制作方式分类，可以分为录屏类、拍摄类、软件合成类和混合类微课等；按教学场景分类，常分为课前类、课中类和课后类微课等。当然还有其他的分类方式，这里就不一一列举了。

1. 按教学方式分类

在中小学教学活动中，通常会根据知识和技能的特点而采用不同的教学方式，常见的微课类型有讲授类、演示类、启发类、表演类、实验类、讨论类和练习类等，如表 1-1 所示。

表 1-1　依照教学方式分类

微课类型	适用教学场景
讲授类	适用于教师运用口头语言向学生传授知识，此类微课主要用于对重点、难点或考点进行讲授。这是最常见、最主要的一种微课类型
演示类	重点是对实验步骤或关键技术进行演示，适用于教师在课堂教学时，把实物或直观教具展示给学生看，或者做示范性的实验，或者通过现代教学手段引导学生通过实际观察获得感性知识以说明和印证所传授知识
启发类	适用于教师在教学过程中根据教学任务和学习的客观规律，从学生的实际出发，采用多种方式，以启发学生的思维为核心，调动学生的学习主动性和积极性

（续表）

微课类型	适用教学场景
表演类	适用于在教师的引导下，组织学生对教学内容进行戏剧化的模仿表演和再现，以达到学习交流和娱乐的目的，提高学习兴趣
实验类	适用于学生在教师的指导下，使用一定的设备和材料，通过控制条件引起实验对象的某些变化，从观察这些现象的变化中获取新知识或验证知识。此类微课的重点在于展示操作技能的分享、实验过程，并提升对结果的感知
讨论类	适用于全班或小组在教师的指导下，围绕疑点、难点等中心问题通过发表各自意见和看法共同研讨、相互启发、集思广益地进行学习
练习类	适用于学生在教师的指导下，依靠自觉地控制和校正，反复地完成一定动作或活动方式，借以形成技能、技巧或行为习惯

2. 按制作方式分类

根据拍摄和制作方式的不同，可以将微课分为录屏类、拍摄类、软件合成类和混合类等几种微课类型。

(1) 录屏类微课。录屏类微课通过录制计算机屏幕的显示过程配合麦克风获取的声音来制作微课。录屏有多种方法，可借助 PowerPoint 课件录制，也可借助 Camtasia Studio、ALLCapture、《会声会影》、Educreations 等软件录制。图 1-2 所示为教师在录制录屏类微课。

图 1-2　录制录屏类微课

(2) 拍摄类微课。使用拍摄工具制作微课，也是较常用、较普遍的微课制作方式之一。正规的拍摄环境是录播教室，常用的便携式拍摄设备包括手机、数码相机、平板电脑、摄像头等。利用专用设备拍摄微课如图 1-3 所示。

图 1-3　利用专用设备拍摄微课

(3) 软件合成类微课。这类微课就是运用图像、动画或视频制作软件(如 Flash、PowerPoint、《会声会影》、Movie Maker、GIF Animator 等),通过脚本设计、技术合成后输出的教学视频。例如,天文学方面的微课通常用软件合成动画视频的居多。软件合成类微课如图 1-4 所示。

图 1-4　软件合成类微课

(4) 混合类微课。混合类微课从制作方式上来说一般比较复杂,通常会用到辅助软件、辅助硬件,结合拍摄、录屏、软件合成等多种方式,最终通过视频编辑软件来合成微课视频。利用这种方式制作微课视频需要较高的技术支持和视频编辑水平,花费的时间较多,但微视频的整体质量、技术体现、学习支持等各方面水平会更高。

3. 按教学场景分类

在中小学教学活动中,根据使用场景和时间的不同,可以将微课分为课前类、课中类和课后类,如表 1-2 所示。

表 1-2　依照教学场景分类

微课类型	微课的特点
课前类	课前类微课偏向于学生的预习和自主学习层面，重点帮助学生解决在教学前置环节的问题，内容包括概念解析、知识准备或课前感想等
课中类	课中类微课往往用于在教学过程中解决教学难点、强化教学重点，是课堂教学核心环节实施的辅助手段
课后类	课后类微课往往侧重于解决学生课后学习环节的相关问题，如课后知识检测的练习微课、检测后进一步查缺补漏的辅助微课等

1.1.4　微课的评价

当对一个微课进行评价时，除了关注微课的"小而精"和"面向学习者"的特征外，还要从微课的主题内容、表现形式、技术处理等方面进行综合评价。中国教育技术协会 2013 年微课比赛评比时给出了以下几个关键词作为标准：聚焦、简要、清晰、技术、创新。规范合理的评价标准对我们进行微课设计与制作有良好的指引作用。微课评价参考标准如表 1-3 所示。

表 1-3　微课评价参考标准

指标项目	评价期望标准	A	B	C	打分
教学目标及内容 (15 分)	(1) 教学目标明确、具体、可测； (2) 内容选取符合教学实际，内容相对完整，最好是教学中的重点、难点内容； (3) 结合学科特点，有机渗透素质教育	13	11	9	
教学过程和方法 (20 分)	(1) 教学过程充分体现教师的主导作用和学生的主体作用； (2) 面向全体学生，关注个性差异； (3) 能利用信息技术的功能优势调控教学活动，教学反馈及时	18	15	12	
课堂教学效果 (30 分)	(1) 学科教学特色鲜明，能达成学科教学目标； (2) 学生学习态度积极，教学过程能体现学生的主体地位，学生智力得到发展，能力得到培养； (3) 信息技术与学科教学整合对提高教学质量效果明显	27	23	18	
教师基本素养 (15 分)	(1) 教师形象大方、得体、自然； (2) 教师表达能力强； (3) 教师课堂驾驭能力强，具有一定的教学素养和教学魅力	13	11	9	
教学视频质量 (10 分)	(1) 图像稳定，色彩正常；声音清晰，声画同步；多机拍摄的镜头衔接自然； (2) 视频要有片头，显示标题、作者、单位等信息；主要教学内容和环节有字幕提示或说明； (3) 视频时长一般为 5～8 分钟，最长不宜超过 10 分钟	9	7	6	

(续表)

指标项目	评价期望标准	A	B	C	打分
配套教学资源 (10 分)	(有本节课或该课例片段配套的教学设计、教学课件、教学反思及专家点评。配套资源要便于其他教师学习、借鉴交流和研究使用	9	7	6	
合计		89	74	60	

注：A、B、C 得分均为参考值，A 一般≥85 分，B 一般≥75 分，C 一般≥60 分，按参考值对各项自行打分并统计作品所得总分。

1.2 微课教学应用

微课类型多样、形式丰富，针对教学重点、难点和特色内容，突破传统的教学模式，革新了教学与教研方式，在课堂教学的应用中具有十分重要的现实意义。

1.2.1 常规课堂教学的微课应用

微课资源应用于常规课堂教学是目前流行的教学形式之一。微课是对传统课堂教学的有益补充，在常规课堂上使用微课，可以激发学生的学习兴趣、活跃课堂气氛、转变学习模式、培养学生的学习能力等。通常情况下，微课应用于常规课堂教学有以下几种常见的形式。

1. 微课创设导入情境

好的开头是成功的一半，传统的课堂采用单一媒体进行导入，往往过于直白，容易忽视多媒体在导入中的作用，效率不高，效果不理想。利用微课视频的形象性、多样性、直观性等特点，可以在导入时有效地解决这些问题。

(1) 微课导入的方式。在课堂导入环节采用演示导入、问题导入、情境导入、关联导入等多种方式进行导入，可以激发学生的学习乐趣，使其尽快进入学习状态，提高学习效率。

(2) 常见的导入情境。利用微课进行情境导入可以创设符合学习者需要的情境，选择故事情境、问题情境、游戏情境、协作情境、仿真虚拟情境、角色扮演情境等多种多样的情境形式进行情境导入，可以引起学习者注意，激发他们浓厚的学习兴趣，勾起其强烈的探究欲望。同时，可以启发学习者深度思考，使其进入积极、主动、高效的学习状态。如图 1-5 所示，就是利用角色扮演情境来导入形声字的微课。

(3) 微课导入的原则。导入微课时，一般要遵循趣味性原则、衔接性原则、目的性原则和发展性原则。微课导入原则及含义如表 1-4 所示。

图 1-5　微课《有趣的形声字》角色扮演导入

表 1-4　微课导入原则及含义

原则	含义
趣味性原则	充分运用微课视频及其中的音乐、动画、图片等多种直观、有趣的元素，激发学生的学习兴趣，提高他们学习的主动性和积极性，促进以形象思维为主到以抽象思维为主的转变
衔接性原则	导入的微课要与课堂教学的过程融为一体，实现"无缝衔接"，使学生自然过渡到学科的教学内容中去
目的性原则	导入目的要强，要有目的地把教学难点和重点通过微课形式，形象、直观、生动地展示出来，帮助学生理清概念，形成知识体系，培养学生的自主学习能力、逻辑思维能力
发展性原则	进行微课导入时应注意扩大学生的视野，取材要广泛，形式要新颖，适当设置开放性问题，引导学生进行想象或联想，培养学生思维发散能力和创新能力，使不同发展阶段的学生都能有所收获

2. 微课优化课堂教学

在常规课堂上使用微课辅助教学，可以围绕教学内容，为学生提供丰富、直观的教学资源，突出学生的主体地位，发挥教师的引导作用，使微课在课堂教学中的效果更加凸显。使用微课优化课堂教学的常见策略有以下几点。

(1) 利用微课，解决课堂教学重难点。

微课将教学内容与教学目标有效结合，是一种高效的教学方式。微课被引入课堂教学以来，被认为是教师解决重难点问题的"法宝"，是对课堂教学的最有效补充。如图 1-6 所示，在小学数学课堂上利用微课解决教学重难点——植树问题。

(2) 利用微课，拓展学生知识面。

为突破传统课堂的局限性，在课堂教学中，可以充分利用微课丰富课堂资源，引入生活实际内容，拓展应用案例，对教材内容进行合理的延伸，充分拓宽学生的知识面。在形成良好学科知识基础的同时，利用微课使学生能够对知识活学活用，促进知识内化。图 1-7 所示为利用微课拓展学生对建筑结构的认知。

图 1-6　微课《植树问题》解决教学重难点

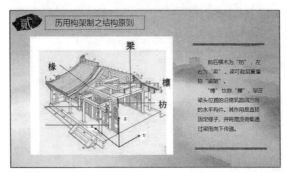

图 1-7　微课《中国建筑的特征》拓展学生对木质建筑结构的认知

(3) 利用微课，引领学生课堂思维走向。

教师可以在教学过程中穿插一些形式丰富的微课，以此转换一下学生的思维，吸引学生的注意力，提高学习效率，使整节课的时间均为有效时间。在导入微课前，教师可提出要求或设置问题，让学生带着问题观看内容，通过问题引领学生的思维走向。

3. 微课整理知识框架

传统的复习课枯燥、重复、乏味，不注重学生的个性化发展，往往使学生昏昏欲睡、效率低下。教师利用微课帮助学生整理知识框架，通过微课教学的直观性让知识结构更加清晰明了，这不仅为学生课后复习提供了便利，还提高了学生的理解能力，使其全面掌握知识内容。图 1-8 所示为利用微课对民族乐器的分类进行归纳复习、梳理知识框架。

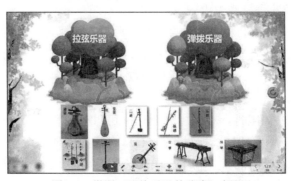

图 1-8　微课《民族乐器的分类》复习

4. 微课促进自主学习

微课教学的加入使传统教学模式发生了改变，教师不再是单一的教学主体，学生可以通过观看微课教学视频自由地规划自己的学习活动，成为学习的主人。微课促进自主学习，主要体现在以下几方面。

(1) 微课可以反复观看，便于学生自主学习。

微课的主体是视频，其优势在于学生可以根据自己的学习进度和步调反复地观看，满足学习需求。这种方式给予了学生更多的自由，让个体的自主学习与独立思考能力有了更多锻炼与发挥的空间。图 1-9 所示为是教师将配制 50g 溶质质量分数为 6% 的氯化钠溶液的实验过程录制成的微课，可供学生反复观看自学，直至其掌握相关实验操作要领，便于后期分组实验教学的开展。

图 1-9　化学实验自学微课

(2) 微课可以自由使用，实现个性化学习。

微课能实现一对一学习的效果，很多学生在课堂中的学习效率并不高，但通过微课可以对知识进行高效吸收。例如，基础较弱的学生可以根据自己的个体情况，利用微课反复学习，直至实现学习目标，没有担心老师批评或遭到同学嘲笑的心理负担，因此满足了自主学习的需要。

5. 微课支持分层教学

课堂教学中往往存在着较为明显的两极分化现象，学生个体差异明显。针对这样的现象，教师在充分了解学生真实学情的基础上，可以对学生进行分类，设置不同的学习目标，利用微课进行分层教学，其策略如图 1-10 所示。

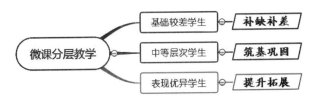

图 1-10　利用微课实施分层教学的策略

例如，对于基础较差的学生，教师可以从这类学生的学科基础知识掌握情况入手，强调查遗补漏、补缺补差。对于占大多数的中等学生，则可以加强这类学生对基础知识的理解和巩固。针对表现较为优异的学生，教师可以适当提升这类学生的学习目标，增加学习难度，进一步激发这类学生的潜能，拓宽他们的进步空间，使其收获更多。因此，可以对不同层次的学生展开有效的分层教学，设计不同的教学活动，推荐分层的教学资源，逐渐减少两极分化现象，使全体学生都能找到自己前进的目标，提高整体教学质量。

1.2.2　基于微课的翻转课堂实施

翻转课堂起源于美国科罗拉多州的林地公园高中，教师乔纳森•伯尔曼和亚伦•萨姆斯采用录制讲课视频的方法帮助缺课的同学补习功课是翻转课堂的雏形，这也是微课和慕课的雏形。从 2000 年开始，翻转课堂一词被正式提出。

1. 什么是翻转课堂

翻转课堂让学生在课堂外完成知识的学习，而把课堂内变成师生之间和学生之间进行互动的场所，如进行答疑解惑、对知识进行拓展等，从而达到提高教学效果的目的。翻转课堂实现了传统课堂中知识传授与知识内化两个阶段的颠倒，因此也称为"反转课堂"。

翻转课堂被认为是一种新的教学模式，是对传统课堂教学模式的改革，这种新的教学模式包含自主学习和协作学习。不同于网络环境下的自主学习和基于各种社交软件的协作学习，翻转课堂的适用范围更广。这种教学模式符合知识"爆炸"时代背景下学生学习的理念，学习者在第一阶段观看教师指定的教学视频，按要求完成任务，第二阶段师生或学生之间进行互动，使知识更好地内化，达到较好的教学效果。

2. 翻转课堂的变化

翻转课堂与传统课堂相比产生了巨大的变化，主要是课堂模式和教学要素的变化。

(1) 翻转课堂与传统课堂的模式对比。

对比翻转课堂与传统课堂的教学模式，可以体会翻转课堂的内涵，如图 1-11 所示。

(2) 翻转课堂与传统课堂的要素对比。

在翻转课堂中，知识传递通过信息技术的辅助在课前完成，知识内化则在课堂上经过老师的帮助与同学合作完成。翻转课堂使得教学过程中的师生角色和各个环节发生了变化，是教与学方式的转变，是学习习惯、思维习惯的转变。翻转课堂与传统课堂各要素的对比情况如表 1-5 所示。

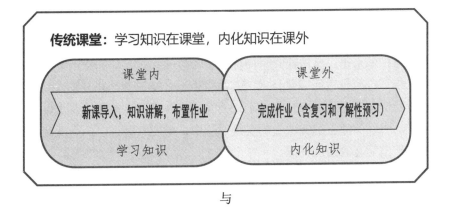

图 1-11　传统课堂与翻转课堂对比

表 1-5　翻转课堂与传统课堂各要素的对比情况

课堂要素	传统课堂	翻转课堂
教师角色	知识传授者、课堂管理者	学习指导者、促进者
学生角色	被动接受者	主动探究者
教学形式	课堂讲解、课后作业	课前学习、课堂探究
课堂活动	知识讲解传授	问题探究
技术应用	板书或知识展示演示	微课资源
评价反馈	传统纸质测试	及时、多角度、多方式

经过对比可知，真正的翻转需要很多的改变和付出，翻转课堂的教学对教师提出了更高的要求。

3. 翻转课堂对教师的要求

在传统课堂中，教师是知识中介，是知识的传递者；在翻转模式下，学生直接面对知识，教师是学生学习知识的协助者，那么在翻转模式下，对教师有什么样的要求呢？

- 转变课堂角色定位：教师角色已经从内容的呈现者转换为学习的教练，教师要转变心态，转变角色，不再是课堂上聚焦的"演员"，而是"导演"。
- 提升信息技术水平：翻转课堂全面提升了师生间和学生间的交流互动，教师应能够在线上线下应用合适的信息技术工具与学生进行交流互动和分享。
- 设计微课资源能力：随着教育信息化的发展，微课已经在翻转课堂模式下得到了广泛应用，所以教师在翻转课堂的实施过程中，需要掌握一定的微课制作技术，同时能够设计出配套的微课资源。
- 提高课堂把控能力：翻转课堂让教师走下讲台来到学生身边，但这并不是削弱了教师的作用，教师在课堂上应发挥引领、调控和个性化辅导的作用，要求教师具有更高的课堂把控能力，这样才能成为一个出色的"导演"。

4. 微课应用于翻转课堂的优势

以学习者为中心的教育理念、信息技术的迅猛发展，以及丰富的学习资源都为翻转课堂的实施提供了极大的支持。翻转课堂的实施可以不借助微课实现，但是随着信息技术的发展，基于应用微课实施翻转课堂，有着以下天然的优势。

- 符合学生身心发展规律：小而精的微课，每一个视频的长度都控制在学生注意力能够比较集中的时间范围内，符合学生的身心发展特征。
- 教学信息更加清晰明确：微课视频中知识点小，信息点集中，干扰因素少，通常是对重点、难点或疑点问题的解答。
- 重构更高效的学习流程：借助微课实现知识的传递，视频可以反复播放，方便学生自我控制，有利于学生的自主学习。
- 方便教师及时检测反馈：利用微课资源中配套的学习任务单和进阶练习，能够对学生的学习效果进行检测并给予反馈。
- 课堂翻转更加灵活高效：信息技术和网络技术的发展，使得翻转课堂更易实现，信息的传递、交流和分享更加便捷。

5. 翻转课堂的教学工具

翻转课堂的组织实施需要必要的辅助教学工具。一般情况下，基于微课的翻转课堂需要的教学工具有网络平台和终端设备。

(1) 网络平台。

网络平台是微课资源的管理平台，也是师生之间、学生之间，以及学生与其他学习伙伴之间网上交流、互动、分享的平台。

学校可以在校园网上搭建一个教与学的资源专区，用于上传制作或收集的微课程资源。同时，在实施翻转课堂时，也可以借助一些开放学习平台，例如，在可汗学院的学习平台中，会不断提供丰富的微视频和具体详尽的测试题目，共涉及数学、历史、金融、物理、化学、生物、天文学等多个科目的内容，并且提供了激励工具(如成就、徽章等)和知识地图。网络平台上的学习资源能够为学生课前的自主学习提供学习路径，拓展学习者的眼界，避免所学知识的碎片化和孤立感。

(2) 终端设备。

学校可根据自身翻转课堂实施的具体形式，确定学生的自主学习形式，架设教室环境或选用某种终端设备。

- 多媒体教室：当学校需要统一管理学生的学习时间时，可以应用多媒体教室，搭建微课学习室，学生课前通过多媒体教室现有的计算机，统一观看微课并答题，课中接受教师针对性的教学。
- 平板电脑或手机：当学校不需要组织学生集体观看微课时，学生在校期间可以使用平板电脑或手机观看微课、答题，课上与教师交互，完成知识内化。现在流行的智慧课堂就是这种模式的典型应用。
- 个人电脑、笔记本电脑：校外学生可使用家中自备的个人电脑、笔记本电脑(或平板电脑、手机)学习并回顾微课，实现知识的传递。

6. 基于微课的翻转课堂教学模型

基于微课的翻转课堂教学模型大致可以分为两大类型：一类是课堂内外的翻转；另一类是课堂内部翻转。根据教学的需要，可以将微课安排在课前，进行知识的传递与反馈，也可以安排在课中让学生自主学习，完成知识的传递与反馈，无论微课出现在课外或课内，都是翻转课堂模式下的先学后教。

- 课堂内外翻转：该模型将知识"传递"和"诊断"环节放在了课外，将"内化"环节放在了课内。课外，在"传递"环节中，学生借助微课视频学习新知识；在"诊断"环节中，学生在获取了新知识后，通过完成教师发布的学习任务单发现自身的学习难点。课内，在"内化"环节中，教师则通过开展"答疑解惑—协作探究—交流分享—评价总结"的课堂教学活动引导学生进行知识内化。课堂内外翻转模型如图 1-12 所示。

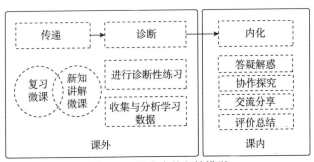

图 1-12　课堂内外翻转模型

- 课堂内部翻转：该模型将翻转课堂的整个教学过程放在了课内，将一节课分成两个阶段，课堂第一阶段，学生借助网络平台提供的微课资源自主学习新知识；课堂第二阶段是学生知识内化的阶段。课堂内部翻转模型如图 1-13 所示。

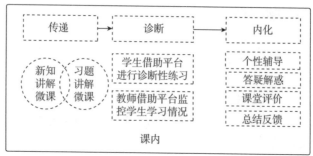

图 1-13　课堂内部翻转模型

1.3　微课制作流程

微课的制作是一个系统工作，需要有硬件设备和软件工具的环境支撑，并配合规范的制作流程，才能让微课的制作变得高效。微课制作的一般流程如图 1-14 所示。

选题　设计脚本　准备工作　录制　后期处理

图 1-14　微课制作的一般流程

1.3.1　选题

选择合适的选题是微课制作流程中最关键的一环，利用好的选题进行微课录制可以达到事半功倍的效果，更有利于进行课堂翻转；不好的选题可能使得微课变得平庸甚至无用。通常选择微课选题应遵循以下几个原则。

1. 选题要小且聚焦单个知识点

受限于微课的时长不宜超过 10 分钟，微课选题要尽可能地聚焦某个知识点、某个小技能等，不宜选用知识结构复杂、内容庞大的选题。

2. 选择教学中的重难点或疑点

知识点的选择影响教学目标的制定，以及后面学习任务单和进阶练习的设定，因此制作微课时通常选择教学中的重点、难点或疑点作为选题。

3. 选择内容适合用多媒体表达

微课作为一种多媒体呈现形式，内容的设计要适合加入丰富的图形、图像、声音、动画等类型的信息，所以在确定选题时要优先考虑知识技能适用多媒体呈现和表达的选题。

4. 选题关注学习对象学情特点

微课的核心特征是"面向学习者"，因此，微课的选题一定要考虑学情，分析学习者的学习基础、特点，根据受众定选题。

1.3.2　设计脚本

微课脚本是微课录制的指南，脚本一般非常详尽，包括各个环节的录制时长、展示内容、如何面向学生操作演练等，根据设计的脚本，配合相应的软硬件就可以成功录制微课。

1. 脚本设计模板

脚本应简洁明了，具有明确而清晰的指导性。设计脚本可以参照下列流程：片头→导入→过程→总结→片尾。微课脚本设计模板如表 1-6 所示。

表 1-6　微课脚本设计模板

录制时间：　　年　月　日　　　　　　　　　　　　　微课时间：5～10 分钟

系列名称			
微课名称			
知识点描述			
知识点来源	□学段：　　　　　　　　　学科：　　　　　　　　年级： 教材：　　　　　　　　　章节：　　　　　　　　页码： □不是教学教材知识，自定义：		
基础知识	听微课之前需了解的知识：		
教学类型	□讲授型　□问答型　□启发型　□讨论型　□演示型　□联系型　□实验型　□表演型 □自主学习型　□合作学习型　□探究学习型　□其他		
适用对象	学生：本微课是针对本学科平时成绩多少分的学生？ 　　　□40 分以下　　□40～60 分　　□61～80 分 　　　□81～100 分　□101～120 分　□121～150 分 教师：□班主任　　　□幼儿教师　　　□普通任课教师　□其他 其他：□软件技术　　□生活经验　　　□家教　　　　□其他		
设计思路			
教学过程			
	内容	画面	时间
片头 (20 秒以内)	内容：你好，这个微课重点讲解…… (注：微课面对个体，不面对群体，用"你好"不用"大家好")	第　至　张幻灯片	20 秒以内

(续表)

正文讲解 (4 分 20 秒 左右)	第一节内容:	第　至　张幻灯片	秒
	第二节内容:	第　至　张幻灯片	秒
	第三节内容:	第　至　张幻灯片	秒
结尾 (20 秒以内)	内容:感谢你认真听完这个微课,下一个微课将讲解…… (注:①微课的单位为"个";②微课的真正意义以"系列微课"体现,可以在结尾介绍下一个微课)	第　至　张幻灯片	20 秒以内
教学反思 (自我评价)			

说明:学科不同,知识特点不同,可以适当增减环节。

2. 技术规范

脚本设计完成后,依据脚本录制成微课,需要遵守一定的技术规范。

(1) 文本信息。

- 字号:主标题为 60~80 号;副标题为 40~60 号;正文为 40±6 号。标题字号一般逐级变小,正文字号一般小于标题字号。
- 字体:建议使用醒目的微软雅黑、黑体、方正综艺体、方正超粗黑简体等。
- 字数与速度:展示页面,每页不超过 35 个字,小学阶段使用的微课每页不超过 25 个字。每页适当留白,保持一定的行距,使整个页面显得美观大方。文字播放速度每秒不超过 6 个字,小学阶段使用的微课,文字播放速度可以更慢。

(2) 配色与背景。

微课的模板或背景要与主体字体色彩有鲜明对比,以使文字醒目,便于阅读。常用效果为白底黑字或黑底白字、蓝底黄字或白底深蓝字等。通常情况下,标题文字颜色与正文文字颜色会有所区别。

(3) 布局。

微课图文混排要适当留白,图文比例为 8 : 2 左右。微课的页面布局、风格要尽可能统一。例如,标题和正文字体、字号、颜色及位置等,在整个微课中应保持一致,这样便于学习者观看,能够使其迅速把握要点,并减少了布局不一致所带来的无谓干扰。

1.3.3　准备工作

设计好微课脚本之后，接着就需要为录制微课做准备，主要准备相应的制作工具和素材。

1. 准备制作工具

根据制作技术的不同，微课可分为录屏类微课、拍摄类微课、软件合成类微课和混合类微课，不同类型的微课所需要的制作工具不同。

(1) 硬件准备。

- 录屏类微课：配有话筒、音箱、摄像头(录制画中画需要)的多媒体计算机；合适的增补光源等。
- 拍摄类微课：可在专门的录播教室内录制，准备高清摄像机、数码相机或带摄像头的智能手机、计算机摄像头等；纸、笔、白板(或黑板)、实验教具等；合适的增补光源。
- 软件合成类微课：多媒体计算机、手写板或其他专用硬件等。
- 混合类微课：制作上述 3 种类型的微课所需要硬件中的若干种。

(2) 软件准备。

Camtasia Studio 等录屏软件、办公软件、图像处理软件、音频视频处理软件、动画制作软件等。

2. 准备素材

录制前的制作工具准备好以后，需要根据脚本收集相关的文字、图形图像、声音、动画、视频等素材，并做好预处理，为下一步的制作做准备。素材的准备可以从以下几方面着手。

(1) 文字。文字可以在文字处理软件中输入，例如微软公司 Office 组件中的 Word、PPT 等软件都可以进行文字处理。

(2) 图形图像。图形图像素材可以自己拍摄，再借助图形图像加工处理软件(如《美图秀秀》、Photoshop等)加工。一些特殊的思维导图、结构图等可以利用专用工具提前制作好备用。

(3) 声音。声音素材可以自己录制，再用音频处理软件剪辑，或者用计算机话筒录制声音。

(4) 动画/视频。动画可以利用专门的动画制作软件进行制作；视频素材也可以在录制后，用专用的视频编辑软件剪辑加工。

1.3.4　录制

准备工作完成后，就可以根据脚本进行视频录制了。微课类型不同，所选用的制作工具不同，录制方式也有所不同。

1. 录屏类微课

录屏类微课就是通过同步录制计算机屏幕的显示过程与麦克风获取的声音来制作微课的。一般情况下，使用 PowerPoint 课件展示教学过程，将教师的教学语言与屏幕展示过程结合在一起，录制成短小的微课，这是较为简单的录屏类微课的制作方法。更专业一些的录屏类微课可以借助 Camtasia Studio 等录屏类软件，按照编写好的微课脚本，录制演示课件的过程，再将录制好的视频和声音进行进一步剪辑加工，从而完成微课的主体视频。

2. 拍摄类微课

拍摄类微课就是利用录播教室将教室内授课教师的形象、多媒体课件、教师板书、学生反应及声音信号等这一完整的教学过程通过摄像机、拾音器等设备录制下来，生成可播放的多媒体视频文件。录播教室最大的优点是具备自动跟踪定位和场景自动切换功能，这可以给拍摄类微课的制作提供极大的便利。使用数码相机或其他便携式拍摄设备也可以对重点拍摄内容进行跟踪录像，形成微课小视频。

1.3.5　后期处理

录制完成的微课视频，需要进行最后的编辑处理，例如，添加片头片尾、增加分节或分段标题、添加文字注释、配乐、添加适当的特效等美化工作，都属于微课制作后期处理环节。

在微课制作的最后阶段，往往还需要对生成的视频进行播放测试，并根据测试的情况，针对出错的片段进行剪辑、降噪或调整，这些也都属于后期处理的工作。有时，还需要在使用的实地场景下进行播放测试，以确保达到使用效果要求。

1.4　微课制作方法

微课的制作方法多种多样，根据制作工具的不同，可分为录屏类制作、拍摄类制作、软件合成类制作、混合方式制作。下面列举几类常见的微课制作方法。

1.4.1　录屏类

录屏类微课主要通过录制计算机屏幕的显示过程，配合声音的添加来制作微课。此类微课是微课制作者最常制作的类型，主要因为其操作方便，通常可以一人独立完成制作。

1. 录屏软件+课件

录屏软件有很多，如 Camtasia Studio、《屏幕录像专家》和《EV 录屏》等，这里以 Camtasia

Studio 软件为例，介绍"录屏类软件+课件"的基本制作方法。

- 制作工具：多媒体计算机、耳麦、Camtasia Studio 录屏软件。
- 制作方法：对 PowerPoint 课件进行播放演示，使用 Camtasia Studio 软件进行屏幕录制，辅以录音和字幕。
- 主要过程：分为选题、录制、编辑 3 个主要步骤，具体如图 1-15 所示。

图 1-15　"录屏软件+课件"微课制作步骤

- 优点：方便进行屏幕录制、配音、添加说明字幕，方便后期进行视频剪辑、制作视频封面和菜单，同时视频的压缩和播放也都非常方便。
- 不足：Camtasia Studio 软件的使用需要制作者花费时间进行学习和熟悉，稍微有些复杂。

2. 录屏软件+手写板

"录屏软件+手写板"是经典的可汗学院模式录制，"录屏软件+手写板"的录屏画面如图 1-16 所示。

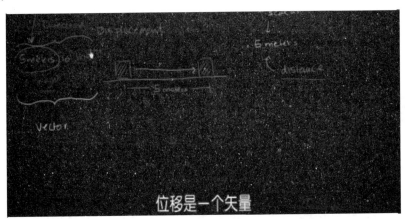

图 1-16　"录屏软件+手写板"录屏画面

- 制作工具：录屏软件(如 Camtasia Studio、CyberLink YouCam 等)、多媒体计算机、麦克风、手写板、画图工具(如 Windows 自带的绘图工具等)。

- 制作方法：通过手写板或画图工具对教学过程进行讲解演示，同时使用录屏软件录制。
- 主要过程：在录制过程中进行录屏配音，具体如图 1-17 所示。

图 1-17　"录屏软件+手写板"微课制作步骤

1.4.2　拍摄类

使用拍摄工具制作微课，是较常用、较普遍的微课制作方法之一，不同的拍摄工具具有不同的适用场所和特点。录播教室、摄像机等便携设备都是常用的微课拍摄工具。

1. 录播教室拍摄

录播教室是同时满足多画面处理、无缝切换、高清录制和直播等多种功能的专用教室，通常可以在录播教室里录制和加工高质量的、专业的微课视频。

- 拍摄方法：进入录播系统管理平台，完成相关视频的画面、音频设置后，即可选择自动录制或手动录制完成微课的拍摄。后期还可以利用系统自带的编辑功能完成视频的后期加工。
- 优点：自动跟踪定位，场景自动切换。

2. 摄像机拍摄(摄像机+黑板或白板)

摄像机在微课制作过程中是较常用和较专业的拍摄设备，在拍摄过程中通常需要配三脚架，防止拍摄画面抖动。

- 制作工具：摄像机、专用话筒、三脚架、辅助灯光、黑板(或白板)、其他教学演示工具。
- 制作方法：对教学过程同步摄像。
- 主要过程：教师需出镜，在黑板或白板前开展教学，具体如图 1-18 所示。

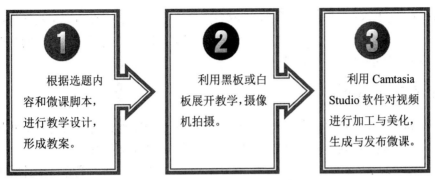

图 1-18　摄像机拍摄制作微课步骤

- 优点：可以录制教师教学过程中的完整画面，板书内容与教师画面可以同时出镜。
- 不足：需要有专门的演播环境；设备和环境造价高；需要多人合力才能完成微课视频的拍摄，效率低；后期编辑需要借助第三方视频处理软件。

3. 便携设备拍摄(手机或平板+白纸)

电子产品的普及，使得手机和平板电脑在微课制作中也担当起了重要角色，成了拍摄类微课制作的大帮手。

- 制作工具：可进行视频摄像的手机(或平板电脑)、白纸、几支不同颜色的笔、教学设计。
- 制作方法：使用便携摄像工具对纸笔结合演算、书写的教学过程进行录制。
- 主要过程：注重笔在白纸上进行展现解答的过程，具体如图 1-19 所示。

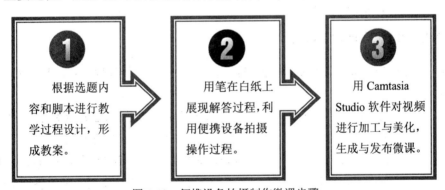

图 1-19　便携设备拍摄制作微课步骤

- 优点：拍摄工具易得。
- 不足：录制效果粗糙，声音和画面效果较差，拍摄范围狭小。

1.4.3　软件合成类

软件合成类微课的制作，就是利用软件制作动画，后期再进行配音合成。动画软件可选用 Flash、PowerPoint、《几何画板》等，后期加工处理可以采用《会声会影》、After Effects、Motion、Maya 等专业的影视合成软件合成处理。另外，还可以使用一些简单的平台或软件(如 Captivate 软件)制作交互式微课。

1. 利用 PowerPoint 合成微课

PowerPoint 是微软办公套件中的一个工具，使用它来制作课件非常方便、实用。通过 PowerPoint 的视频输出功能，可以直接将课件合成输出成微课视频。

- 优点：PowerPoint 软件几乎人人都会用，非常方便。只要设置好自动计时播放的时间，配好背景音乐或声音，就可以方便地合成微课。
- 不足：应用场景相对较少，通常用来制作演示类微课，不方便制作同步讲解的微课。

2. 利用 Captivate 制作微课

Adobe Captivate 是一款屏幕录制软件，任何不具有编程知识或多媒体技能的人都能够通过它快速地创建功能强大、引人入胜的仿真、软件演示及基于场景的培训和测验。

- 优点：通过简单地点击用户界面和使用自动化功能，软件专业人员、教育工作者和商业用户都可以轻松地记录屏幕操作，添加电子学习交互，创建具有反馈选项的复杂分支场景，并包含丰富的媒体。利用 Captivate 可以方便地演示计算机屏幕上完整的操作过程，也可以将操作过程变成具有交互功能的微课，操作过程由用户来完成，只有用户操作正确了，系统才继续执行，实现了训练类微课的功能。
- 不足：利用 Adobe Captivate 软件制作的非交互式微课可以发布为视频格式，但制作的交互式微课不能发布为视频格式。

3. 利用 After Effects 制作微课

Adobe After Effects(AE)是 Adobe 公司推出的一款图形视频处理软件，是一种专业性很强的视频处理软件。

- 优点：利用它与其他 Adobe 软件的紧密集成和高度灵活的 2D、3D 合成，以及数百种预设的效果和动画，可以为微课作品增添令人耳目一新的效果。
- 不足：由于软件比较专业，学习 After Effects 需要花费一定的时间，并且需要用心学习之后，才能熟练地应用。同时，利用 After Effects 制作微课对计算机设备要求较高。

4. 利用《会声会影》制作微课

《会声会影》是一款强大的视频制作、剪辑软件，具有多种视频编辑功能和动画效果。利用《会声会影》，可以对录制的微课视频进行专业编辑。

- 优点：该软件界面简单，容易上手，可方便地对所拍摄的视频进行编辑与美化。
- 不足：《会声会影》软件对前期录制的素材，特别是视频素材要求较高，如果原视频素材不清晰，那么依据此素材所制作出的视频就会更不清晰。

1.4.4　混合类

混合类微课是教师在制作微课时，根据选题的表达需求，把上述 3 种类型的微课制作方法任意组合而创作出来的。对于这类微课，应当根据选题和脚本设计要求，在相应的制作工具中选取合适的工具组合进行制作。混合类微课的制作方法适用于比较综合的、复杂的精品微课的制作，在制作这类微课的过程中，还需要借助以下技术手段或方法。

1. 借助辅助软件录制微课

录制有特点的微课，常常需要一些有特色的软件进行辅助录制。例如，可以借助专用软件、声音处理软件、教学课件等制作出特点鲜明的微课。

- 优点：在使用 Camtasia Studio 软件录制之前，需要安装专用软件，以便录屏时更好地体现微课的效果。例如，利用歌曲编辑软件、声音仿真软件等实现多样的配音效果。
- 不足：借助越多的辅助软件，对制作者的技能要求就越高，对计算机的处理速度要求也就越高。

2. 借助辅助硬件录制微课

录制微课时，使用一些硬件工具辅助录制，可以起到事半功倍的效果。例如，可以借助手写板工具、交互电子白板工具边讲授边示范，合理利用一些教具、工具可以制作出有学科特点的微课。

- 优点：安装专用书写工具，边讲授边书写演示，可以让学习者学习时觉得老师就在自己的身边进行讲解。
- 不足：需要花费专门的费用购置硬件设备。

3. 借助人物出镜录制微课

在制作微课时，有时需要教师整体出镜，有时只需要突出面部表情或手的动作，再利用 Camtasia Studio 软件对视频进行拍摄录制、后期编辑等综合处理。

- 优点：人物出镜可增加教师与学生之间的亲和力和表现力。
- 不足：对人物的表现方式和拍摄时的技术都有一定的要求。

1.5　初识 Camtasia Studio

Camtasia Studio 是专业的屏幕录像和视频编辑软件，它可以实现从屏幕录像到视频编辑、转换再到发布等一系列完整的功能，它是目前设计制作微课时用户使用最多的常用软件。

1.5.1　初步了解 Camtasia Studio

1. Camtasia Studio 简介

作为制作微课最经典的软件，Camtasia Studio 提供了强大的屏幕录像(Camtasia Recorder)、视频剪辑和编辑(Camtasia Studio)等集成功能。使用该软件，用户可以方便地进行屏幕操作的录制和配音、视频的剪辑和过场动画、添加说明字幕和水印、制作视频封面和菜单、进行视频压缩和播放。

它支持丰富的输入和输出文件格式，并可将电影文件打包成可执行文件，在没有播放器的机器上也可以进行播放。同时它内置媒体播放器，还附带屏幕动画抓取工具。

2. Camtasia Studio 组成

简单地说，Camtasia Studio 提供了录制和剪辑两大功能，在正常安装 Camtasia Studio 软件的计算机中，可以在 Windows"开始"菜单中找到 Camtasia Recorder 和 Camtasia Studio 菜单命令，分别实现录制和剪辑功能。

- 录制：Camtasia Recorder 用于实现录制功能，能在任何屏幕显示模式下轻松地记录屏幕的所有动作，包括视频、音效、鼠标轨迹等，并能同步记录解说声音。它还可以脱离编辑器 Studio 单独录像，并保存录像为.camproj 格式。
- 剪辑：Camtasia Studio 用于实现视频编辑功能，能对 Camtasia Recorder 录制生成的视频文件进行编辑处理，并最终输出通用视频格式。Camtasia Studio 可以对各种视频片段、声音素材和其他素材进行剪接、添加字幕、添加转场效果等，并具有及时播放和编辑压缩的功能。

1.5.2　Camtasia Studio 工作界面

Camtasia Studio 编辑器是软件的主界面，它可以实现将多种格式的图像、声音、视频剪辑连接成微课视频，下面一起来认识 Camtasia Studio 主界面的组成及其各项功能。

1. 了解工作界面组成

当进入 Camtasia Studio 后，选择"新建项目"选项，就会进入如图 1-20 所示的 Camtasia Studio 主界面，即工作界面。Camtasia Studio 主界面包含了菜单栏、工具箱面板、视频预览窗口、属性面板和时间轴面板等主要区域。

- 菜单栏：界面最顶端一行是菜单栏。这里有分级菜单及"录制""裁剪""分享"等一些重要功能按钮。
- 工具箱面板：视频制作离不开工具箱，工具箱主要用于对视频、音效、旁白和字幕等进行加工处理。单击工具箱上的某个工具，即可使用工具，实现相应功能。

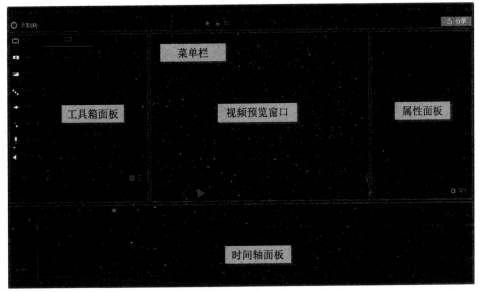

图 1-20　Camtasia Studio 工作界面

- 时间轴面板：时间轴是进行视频编辑最重要的工具，处理视频时，大量工作都在时间轴上进行，应予以充分了解。
- 视频预览窗口(画布)：用于显示预览视频。将视频添加到时间轴后，视频就会在这里显示，用户可以随时查看视频编辑后的效果。视频预览窗口也常称为画布，通常情况下视频显示比例以"适合"方式充满整个区域。
- 属性面板：当选中时间轴上的视频素材、注释、转场、动画效果等内容时，这里就显示其具体属性，可以对属性进行设置调整，例如，通过属性设置，可以改变文本的字体、大小、颜色等。

2. 了解菜单栏

菜单栏有两行，如图 1-21 所示。第 1 行左边是菜单，中间是标题；第 2 行有"录制"按钮、"分享"按钮和画布工具栏。

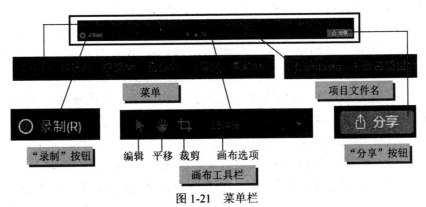

图 1-21　菜单栏

- 菜单和标题：位于第 1 行菜单栏最左边的是软件功能分级菜单，选择菜单项即可执行相应的命令；位于中间的是标题，用于显示正在处理的项目文件名。
- 录制按钮：位于第 2 行菜单栏的最左边，单击该按钮会打开 Camtasia Recorder 工作界面，对屏幕录制工作进行控制。关于该工作界面，后面会单独介绍。
- 画布工具栏：位于第 2 行菜单栏的正中间，且处于视频预览窗口的上方，主要用于对视频预览窗口中的画面进行编辑、平移、裁剪，以及显示比例画布选项等操作。
- 分享按钮：位于第 2 行菜单栏的最右边，该按钮可以将微课以需要的格式进行分享。其中分享到"本地文件"是将微课保存在本地硬盘上，即实现视频文件的导出。

3. 了解工具箱面板

工具箱用来存放导入的媒体文件和在进行视频编辑时会使用到的大部分工具。下面由上向下介绍相关工具。

- 媒体：利用该功能可导入外部视频、图片等各种媒体，首次导入可以单击"导入媒体"按钮，后续新增导入可以单击面板下的"+"按钮，选择要导入的媒体后，媒体将被导入项目库的空白区，如图 1-22 所示。

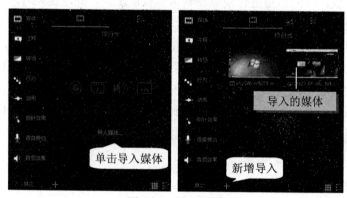

图 1-22　导入媒体

- 注释：利用该功能可以为视频添加各种注释。添加到画布上的注释，可以控制其出现的位置、颜色、边框、时间，以及显示时长等属性，还可以添加淡入和淡出效果，如图 1-23 所示。除了文字注释之外，Camtasia Studio 还提供了直线和箭头、形状、模糊和高亮、草图运动，以及击键注释等多种样式和功能。
- 转场：在用 Camtasia Studio 制作微课时，通过设置转场过渡效果，可以让视频在开头、结束或两个视频片段间出现可视的切换效果，提示位置或内容的变化，或者让两个视频片段间出现一种平滑的过渡，达到运用专业视频剪辑软件的剪辑效果。Camtasia Studio 提供了淡入淡出、溶解、旋转、擦拭等多种转场效果。
- 行为：在 Camtasia Studio 中，可以给文字、图片、视频等对象添加动态的效果，使视频看起来更有观赏性和趣味性，这些效果是通过"行为"功能来实现的，其中包括漂移、褪色、下落和弹跳、弹出、脉动、揭示、缩放、偏移、滑动等特效，如图 1-24 所示。

图 1-23　添加注释

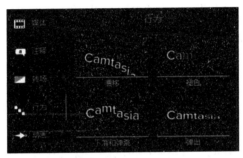

图 1-24　导入媒体

● 动画：Camtasia Studio 动画功能分为两大类：一类是"缩放和平移"；另一类是内置的一些动画效果，如还原、完全透明或不透明、向左或向右倾斜、比例放大或缩小、缩放到适合、只能聚焦、自定义等。如图 1-25 所示，是通过动画功能对视频某部分的内容进行放大和突出，实现变焦的效果。

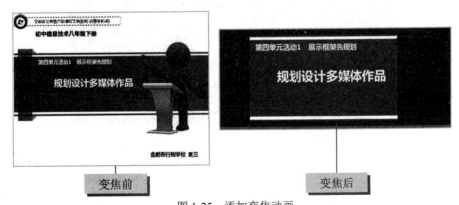

变焦前　　　　　变焦后

图 1-25　添加变焦动画

● 指针效果：为了在关键的重点知识处引起学生的注意，可以根据需要设置鼠标操作的效果。Camtasia Studio 提供了"指针效果""左键点击""右键点击"三类指针效果。为鼠标指针添加指针效果，如图 1-26 所示。

图 1-26　添加指针效果

- 语音旁白：利用此功能录制与画面相匹配的声音，将其插入相应的时间轴轨道上，即可给微课配音或解说。
- 音频效果：利用此功能可以对选中的音频素材进行加工处理，主要有降噪、音量调节、淡入或淡出等效果，如图 1-27 左侧音频效果所示。例如，可根据实际情况对声音素材的音量进行减小或增加；可以设置声音素材转场切换时音量的淡入、淡出或静音效果；如果音频中有噪声，可以通过降噪工具对噪声进行处理。
- 视觉效果：单击"其他"按钮后，再选择"视觉效果"选项，可以切换到"视觉效果"功能面板，可以对视频进行视觉效果设置，主要有阴影、边框、着色、调色等效果，如图 1-27 右侧视觉效果所示。

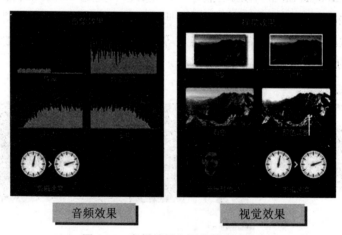

图 1-27　音频效果和视觉效果功能

- 字幕：通过此功能可以方便地为录制好的视频添加字幕。字幕功能可以创建符合 ADA 的标准字幕，也可以导入 SAMI 或 SRT 字幕文件，或者导出字幕文件。添加字幕的微课效果如图 1-28 所示。

图 1-28　添加字幕

● 交互：此功能可以为录制好的视频增加交互功能。例如，想要对观看者观看视频后的学习效果进行检测，可使用其中的"添加测验到时间轴"或"添加测验到所选媒体"功能进行检测交互。

3. 了解时间轴面板

时间轴面板可对音视频、图片进行编辑，是视频编辑时必不可少的工具，在进行视频处理时大量的工作都会在时间轴上进行，如图 1-29 所示。将工具箱媒体库中的音视频文件或图片拖动到这里，就可以对它们进行剪切、拼接，还可以对它们应用工具箱中的效果等。

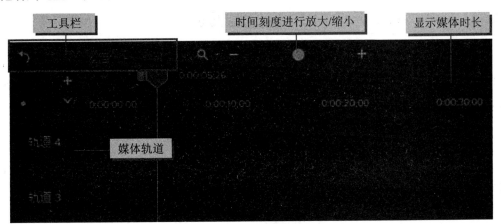

图 1-29　时间轴面板

● 媒体轨道：将媒体拖入时间轴后，将会在轨道中显示，这样就可以在轨道中对想要编辑的媒体进行一系列的操作。制作视频所需的媒体都以媒体轨道的形式被导入在了时间轴上。在时间轴上，将媒体素材放在不同的轨道中，使其按照设定的时间和效果以规定的动作呈现，便形成了完整的微课视频。

● ▬▬▬▬▬●▬▬▬▬▬：该按钮为比例控制按钮，可以通过"+"或"－"来控制时间轴显示的疏密程度，从而方便对时间轴上的对象进行局部或整体的控制或剪辑。拖动中间的圆形按钮可以快速进行调节。

- <img>：该按钮为"撤销"按钮。如果所做的操作不合适，则单击该按钮可取消上一步的操作过程，返回当前结果之前的状态。
- <img>：该按钮为"重做"按钮。单击该按钮可恢复"撤销"按钮取消的操作。
- <img>：该按钮为"剪切"按钮。它可以删除不需要的媒体文件或删除标签选择的区域。
- <img>：这两个按钮分别为"复制"和"粘贴"按钮，通过这两个按钮，可以将时间轴上选中的对象在不同的轨道中复制多份。
- <img>：该按钮为"分割"按钮，单击该按钮可以将时间轴上一整段素材剪辑成多个素材，如图 1-30 所示，左图是一段完整的音频和视频，右图是分割后的三段媒体文件。

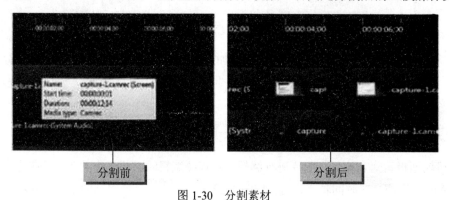

图 1-30   分割素材

1.5.3   Camtasia Recorder 工作界面

Camtasia Recorder 的主要功能是进行屏幕录像，可通过单击如图 1-21 所示的 Camtasia Studio 界面中的"录制"按钮打开 Camtasia Recorder，也可以通过直接启动安装程序中的 Camtasia Recorder 打开。

1. 工作界面组成

Camtasia Recorder 工作界面包含了菜单栏、选择录制区域、录像参数设置和录制按钮，如图 1-31 所示。

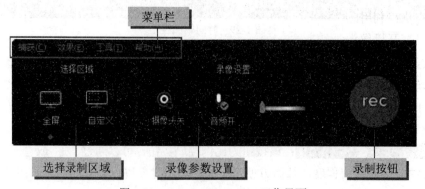

图 1-31   Camtasia Recorder 工作界面

- 菜单栏：菜单中包含可以执行的各种命令，单击菜单名称即可打开相应的菜单。
- 选择录制区域：用于对计算机屏幕上要录制的区域范围进行选择。
- 录像参数设置：用于对录制的录像进行相关属性或参数的设置，例如对视频、音频等进行参数设置。
- 录制按钮(rec)：录制开关，单击后即可开始正式录制。

2. 选择区域功能区

"选择区域"功能区主要是对将要录制的区域范围进行设置。一般有以下两种选择。

- 全屏：录制的是全屏，即整个屏幕所有范围。
- 自定义：单击"自定义"选项右侧的下拉按钮，在弹出的下拉菜单中可以选择录制的分辨率，也可以锁定某个固定的应用程序窗口进行录制，以减少其他因素对录制的干扰，如图 1-32 所示。

图 1-32　自定义区域

3. 录像设置功能区

"录像设置"功能区主要用于对录像时的相关视频、音频属性进行设置，主要包含以下两大类。

- 摄像头：利用此按钮可以开/关摄像头。按图 1-33 所示操作，单击"摄像头"按钮即可打开摄像头，再次单击，即可关闭摄像头。

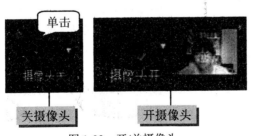

图 1-33　开/关摄像头

- 音频：用于对音频的录制进行设置，主要包括以下功能。
  - ◆ 音频开关：直接单击"音频"按钮，可以选择对所有声音进行同步录音或不录音。
  - ◆ 麦克风：可设置录入或不录入麦克风声音，按图 1-34 所示操作，可以切换到录制麦克风状态。
  - ◆ 系统声音：可选择录入或不录入系统声音。
  - ◆ 鼠标声音：在"效果"菜单中选择"使用鼠标单击声音"选项，可以录入鼠标操作时的声音。

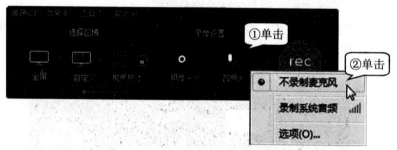

图 1-34　设置录制麦克风

4. 录制开关

"rec"按钮为录像的开始/结束按钮。要熟练完成微课录制，建议使用快捷键，按键盘上的 F9 键即可开始录制(record)，按 F10 键即可停止录制(stop)。当然，这些快捷键是可以调整的，按图 1-35 所示操作即可修改快捷键。

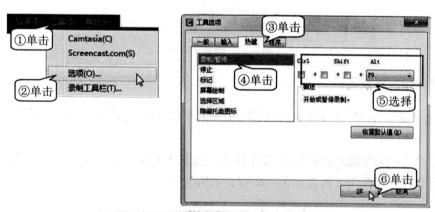

图 1-35　设置开始/停止快捷键

5. 预览界面

使用 Camtasia Recorder 软件录制微课，按 F10 键结束微课录制，进入预览界面，如图 1-36 所示。

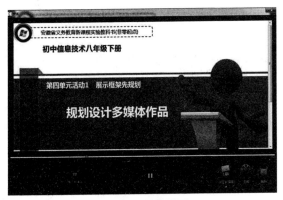

图 1-36　预览界面

在预览界面，可单击"播放/暂停"按钮██来查看刚录制的视频。

- 时间██████████████：显示的是当前播放时间和视频总时长。
- 缩小到适合██：单击该按钮，可将视频缩放到合适尺寸。
- 保存并编辑：可将录制的视频"另存为"到指定的位置。
- 生成：可直接保存为视频文件，也可选择保存位置，为文件重新命名。
- 删除：如果录制的视频不理想，可以单击"删除"按钮删除视频。

 知识库

1. Camtasia Studio 支持的导入文件类型

Camtasia Studio 支持导入多种类型的媒体，包括 PPT 演示文件、图像文件、音频文件、视频文件等。对于图像、音频和视频文件，支持的导入文件类型包括以下几种。

- 图像文件：支持的图像文件类型有.bmp、.gif、.jpg、.jpeg、.png。
- 音频文件：支持的音频文件类型有.wav、.mp3、.m4a、.wma。
- 视频文件：支持的视频文件类型有.camrec、.trec、.avi、.mp4、.mpg、.mpeg、.wmv、.mov、.mts、.m2ts、.swf 等。

2. Camtasia Studio 支持的保存文件格式

Camtasia Studio 支持的保存文件格式有两类：一类是 Camtasia Studio 内部使用的文件格式，一类是通用的视频或动画文件格式。

- .camrec：该格式只有在 Camtasia Studio 中才能打开。
- 通用格式：Camtasia Studio 可以输出的通用文件格式有很多，如 MP4、AVI、WMV、M4V、CAMV、MOV、RM、GIF 动画等，这些格式基本上在所有的视频播放软件中都可以打开。

第 2 章

录制微课视频

利用 Camtasia Studio 软件录制微课视频，是简单而常用的微课录制方式。根据不同学科的微课特点，可以选择多样化的方式进行录制。掌握录制微课视频的方法，可以丰富微课的呈现形式，提高微课视频的教学效果，从而增加学习者对微课的学习兴趣。

Camtasia Studio 软件既可以实现对屏幕操作的录制，又可以嵌入 PowerPoint 课件中进行录制，具有针对性；若需要讲解者出现在镜头中或进行实物展示，则可以打开摄像头进行录制；还能录制画面的语音旁白，真正实现了录制的多样化。Camtasia Studio 软件操作界面简洁，操作方法简单、快捷、易学。

由于篇幅限制，录制微课仅介绍关键画面步骤，其他部分可参考随书配备的数字资源。

本章内容

- 录制屏幕
- 设置变焦动画
- 录制指针效果

2.1 录制屏幕

利用 Camtasia Studio 软件录制屏幕和语音时的最大优点是录制的画面清晰度高，录制的声音清晰无杂音，保真性高，操作简单易上手。该软件可以实现对计算机屏幕、PowerPoint 课件、摄像头和语音的录制，真正实现了录制的简单化、多样化。

录制屏幕

2.1.1 设置录制区域

录制屏幕时默认状态下是全屏录制，可根据录制画面的特点灵活设置录制区域，以免在后期编辑时再对视频区域进行缩放调整。

实例 1　初中物理《探究动能的大小与哪些因素有关》

本例内容是初中物理《探究动能的大小与哪些因素有关》微课，该微课旨在让学生理解物体动能的大小与速度、质量有关，并且理解其中的对应关系。微课效果如图 2-1 所示。

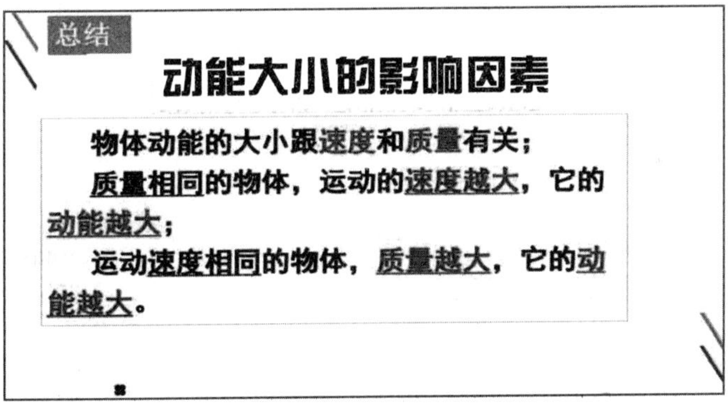

图 2-1　微课《探究动能的大小与哪些因素有关》效果图

录制屏幕时，先创建新的项目，并设置录制区域的大小，选择音频和录像格式，即可开始录制。

 跟我学

1. **创建新项目**　运行 Camtasia Studio 软件，单击窗口左上角的"录制"按钮，按图 2-2 所示操作，创建新项目。

图 2-2　创建新项目

2. **设置区域、音频属性**　按图 2-3 所示操作，在 Camtasia Recorder 中设置录制区域为 "全屏"，设置音频为 "音频开"，调整好音量大小。

图 2-3　设置区域、音频属性

3. **设置录像格式**　选择 "工具" → "选项" 命令，按图 2-4 所示操作，设置录像保存格式为.trec 或.avi，同时修改保存路径。

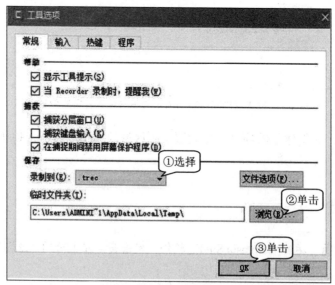

图 2-4　设置录像格式

4. **录制屏幕、预览效果**　按图 2-5 所示操作，单击 "rec" 按钮(或按 F9 键)，开始录制。按 F10 键停止录制，录制的视频会自动展示在软件编辑区，预览录制的效果，不满意则删除后重新录制。

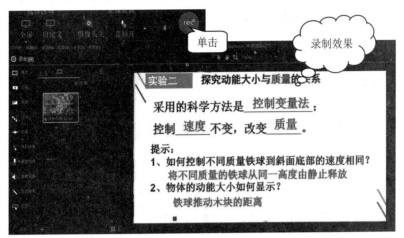

图 2-5　录制屏幕、预览效果

知识库

1. 录制区域设置技巧

可按图 2-6 所示操作，直接拖动录制区域绿色虚线边框的 8 个控制句柄来设置录制区域。

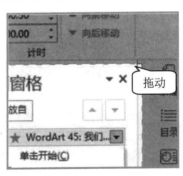

图 2-6　拖动控制句柄设置区域

2. 录制屏幕注意事项

开始录制时，会出现如图 2-7 所示的 3 秒倒计时提示，这时先不要录音，3 秒后再开始录制，因为这 3 秒是准备阶段，所以录音不记录。

图 2-7　倒计时提示界面

2.1.2 录制 PowerPoint 课件

Camtasia Studio 软件可直接作为加载项嵌入 PowerPoint 软件,也可直接录制 PowerPoint 课件讲解的内容,去除其他多余画面,便于课件的录制,更便于后期编辑。

实例 2 小学数学《认识算盘》

本例内容是小学数学《认识算盘》微课,通过该微课,创设情境,让学生知道算盘的由来和组成,学会用算盘进行计算和记数。微课效果如图 2-8 所示。

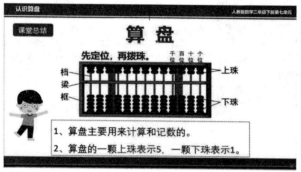

图 2-8 微课《认识算盘》效果图

录制 PowerPoint 课件内容作为微课,可以通过 PowerPoint 软件中嵌入的 Camtasia Studio 软件加载项进行录制,非常方便。

 跟我学

1. **选择加载项** 打开课件"认识算盘.pptx",按图 2-9 所示操作,选择 PowerPoint 软件中的 Camtasia Studio 录制加载项。

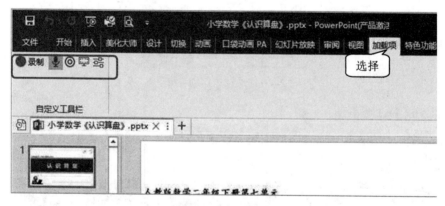

图 2-9 选择加载项

2. **开始录制** 按图 2-10 所示操作,根据微课设计思路进行 PowerPoint 课件的讲解录制。

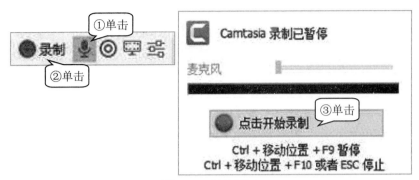

图 2-10　开始录制

3. **结束录制并保存微课**　课件放映结束后，按图 2-11 所示操作，停止录制，并保存录制文件为 "认识算盘.trec"。

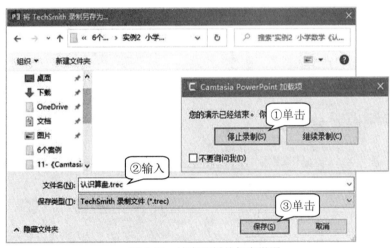

图 2-11　结束录制并保存微课

4. **生成录像**　按图 2-12 所示操作，按照 "生成向导" 的提示，完成微课视频的生成。

图 2-12　生成录像

知识库

1. PowerPoint 软件关联加载项

在安装 Camtasia Studio 软件时，会有英文提示是否关联 PowerPoint 软件，此时要确认关联，否则在 PowerPoint 软件中无法找到录制加载项，如图 2-13 所示。

图 2-13　关联加载项

2. 录制后处理方式

若录制的微课视频不需要编辑，可在弹出的对话框中单击"生成录像"按钮，并按照"生成向导"的提示完成微课视频的生成；若需要进行编辑则单击"编辑录像"按钮，进入 Camtasia Studio 软件进行编辑。

2.1.3　录制摄像头

当微课中需要进行实景讲解或实物展示时，可利用 Camtasia Studio 软件录制摄像头进行辅助讲解。

实例 3　幼儿园《神奇的毛细现象》

本例内容是幼儿园《神奇的毛细现象》微课，通过实景展示毛细现象实验，让幼儿产生直观的感受。微课效果如图 2-14 所示。

图 2-14　微课《神奇的毛细现象》效果图

制作者可以打开摄像头，在 Camtasia Studio 软件中录制实景讲解内容，录制前需要进行效果预览并设置好摄像头的音频和视频属性。

 跟我学

1. **预览摄像头**　运行 Camtasia Studio 软件，连接好摄像头后，在"录像设置"功能区中，按图 2-15 所示操作，预览摄像头连接是否正常。

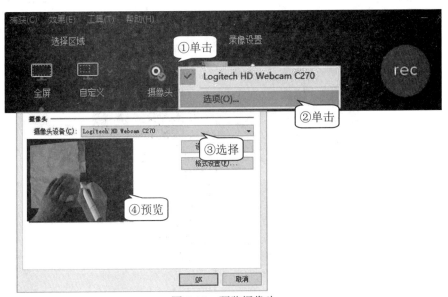

图 2-15　预览摄像头

2. **设置视频属性**　根据微课设计思路，按图 2-16 所示操作，合理设置摄像头录制的属性、格式，调整视频的对比度、色调、输出大小。

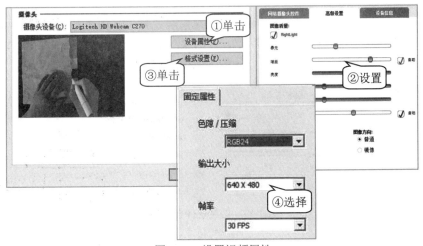

图 2-16　设置视频属性

3. **设置音频格式**　按图 2-17 所示操作，开启 Camtasia Studio 软件中的"录制音频"窗口，设置麦克风录制的音频格式。

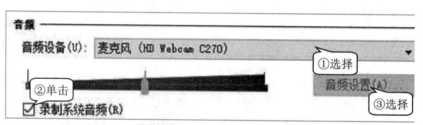

图 2-17　设置音频格式

4. **开始录制并预览效果**　按图 2-18 所示操作，开始录制摄像头拍摄的画面，并预览效果。

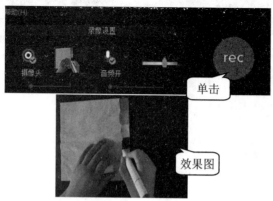

图 2-18　开始录制并预览效果

 知识库

1. Camtasia Studio 不能录制屏幕的解决方法

很多人在安装完 Camtasia Studio 后发现不能录制屏幕，一次又一次地重装也没有任何作用。其实原因很简单，只是没有设置好而已，按照下面的操作步骤就可以进行设置。

- 按图 2-19 所示操作，打开"CamRecorder.exe 属性"对话框。

图 2-19　设置软件兼容性

- 在该对话框中按图 2-20 所示操作，找到安装目录中的 CamRecorder.exe，勾选"以兼容模式运行这个程序"复选框，然后选择兼容版本，Windows 7 的用户选择 Windows XP，Windows 8 的用户选择 Windows 7，Windows 10 的用户选择 Windows 8，再勾选"以管理员身份运行此程序"复选框后重启软件即可。

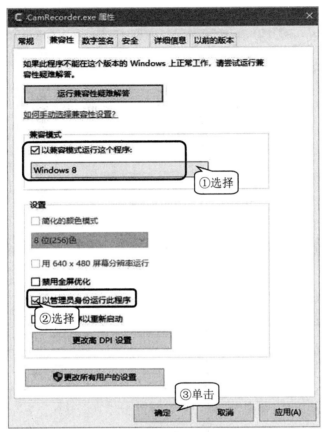

图 2-20　设置软件兼容性

2. 录制摄像头注意事项

借助摄像头录制微课，为取得良好的画面效果，不要将教学用的物品放在拍摄区域之内，要去除一切干扰元素；注意操作演示时动作节奏要舒缓，移动速度过快会导致画面不清晰；光线要明亮无频闪。

2.1.4　录制语音旁白

有时候我们用 Camtasia Studio 录制好微课后，发现在关键处漏了一句解说词。这时不需要重新录制视频，用 Camtasia Studio 软件中的语音旁白功能在对应时间的媒体轨道上补充录制解说词，即可快速解决。

实例4　初中历史《伟大的历史转折》

本例内容是初中历史《伟大的历史转折》微课，该微课旨在让学生进行真理标准问题的探讨，了解十一届三中全会精神及会后的成就。微课效果如图 2-21 所示。

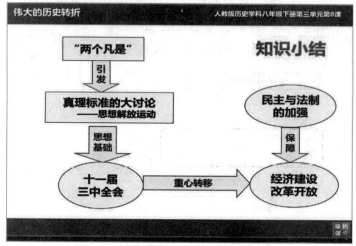

图 2-21　微课《伟大的历史转折》效果图

在微课中添加解说词，可以先将微课导入 Camtasia Studio 软件中，确定好补录点，选择麦克风直接进行录制，解说词即可自动添加到微课中。

 跟我学

1. 导入微课　运行 Camtasia Studio 软件，按图 2-22 所示操作，导入需要补录解说词的微课"初中历史　伟大的历史转折.mp4"。

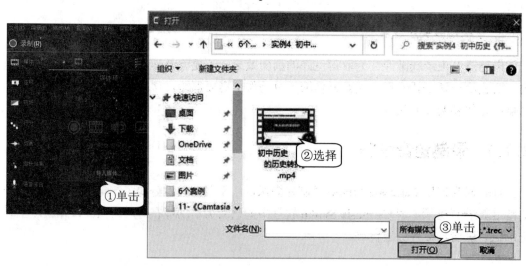

图 2-22　导入微课

2. **确定补录点**　按图 2-23 所示操作，用鼠标拖动时间轴上的播放头，确定需要添加语音旁白的补录点。

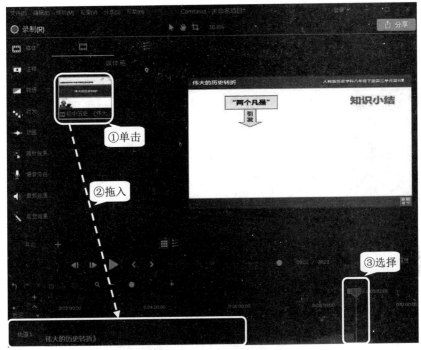

图 2-23　确定补录点

3. **选择麦克风**　连接好麦克风后，按图 2-24 所示操作，打开"语音旁白"面板，确定麦克风的输入级别后开始录制语音。

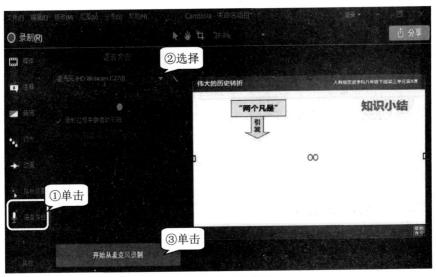

图 2-24　选择麦克风

4. 保存录音　说完旁白后,按图2-25所示操作,停止录制,保存录音文件为"旁白1.m4a",保存后录制的旁白会自动加在指定位置上。

图 2-25　保存录音

 知识库

1. 录制音频时的注意事项

如果"语音旁白"面板中的"开始录制"按钮呈灰色状态,则表示麦克风未正常连接,需要检查麦克风连接情况;麦克风正常连接的情况下,有时也会出现声音无法录制的情况,这时把软件的兼容版本调高后重启即可。

还可使用 Windows 系统"附件"中自带的麦克风录制语音旁白,然后添加到 Camtasia Studio 软件中进行编辑。

2. 录制微课时麦克风的选择

有条件可以选择配音专用的枪型小振膜电容话筒,它具有超指向功能,能轻易录制语音而不容易录下背景噪音,使人声对白在特定频率段保持原本的真实感和亲近感,因此很适合用来录制语音旁白。当然,这种话筒虽然可以减少噪音,但是必须时刻注意房间里不能有回音,回音是这种话筒的"杀手"。

如果房间条件达不到声学环境要求，可选择动圈话筒，它对环境噪音和回音的敏感度要远远低于电容话筒；也可以用耳麦，有些驻极体耳麦音质还是不错的，当然和专业质量相比还有很大差距。录制微课的麦克风样式如图 2-26 所示。

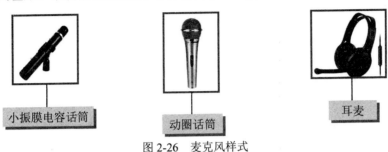

图 2-26　麦克风样式

2.2　设置变焦动画

在用 Camtasia Studio 制作微课时，为了让学生看得更清晰，有时需要将屏幕画面放大或缩小，从而让画面更有层次感和跳跃感，这也是很多微课中具备的画面特点。

设置变焦动画

2.2.1　放大屏幕

在微课中，当需要对一些重点知识进行细化讲解时，可将画面放大，去除干扰的画面，从而进行更有针对性的讲解。

实例 5　初中信息技术《三种动画的比较与运用》

本例内容是初中信息技术《三种动画的比较与运用》微课，通过放大屏幕来突出演示制作动画时相关帧的操作方法，方便学生记忆和理解操作细节。屏幕画面放大效果如图 2-27 所示。

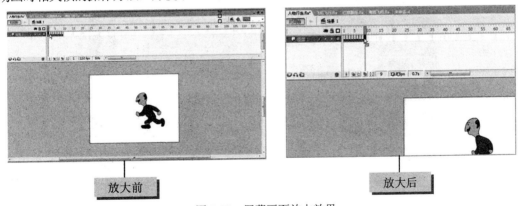

图 2-27　屏幕画面放大效果

录制微课时如果需要放大屏幕，则应该先确定放大起始点，然后在动画面板中调整屏幕的大小控制柄即可。

跟我学

1. **导入微课**　运行 Camtasia Studio 软件，将微课"三种动画的比较与运用.mp4"导入媒体箱，并拖到媒体轨道中。

2. **确定放大点**　按图 2-28 所示操作，将时间轴上的播放头移到需要放大画面所在的帧上。

图 2-28　确定放大点

3. **查找控制句柄**　按图 2-29 所示操作，打开"动画"面板，观察预览画面，找到 8 个控制句柄。

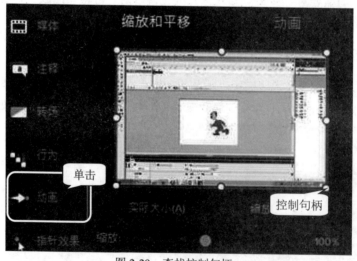

图 2-29　查找控制句柄

4. **放大屏幕**　按图 2-30 所示操作，通过推拉控制句柄缩小矩形选框，就好像是将镜头对准被摄物体推进一样，此时右边的画面立刻变大，调整画面到合适位置。

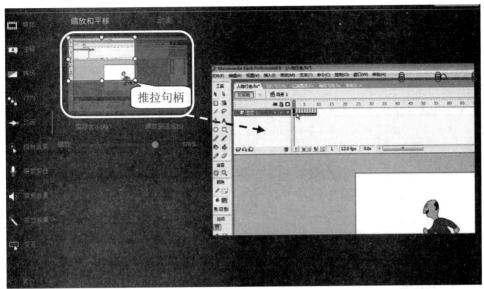

图 2-30　放大屏幕

5. **调整时长**　按图 2-31 所示操作，将鼠标指针移到绿色变焦标记左边的白色小圆点上，此时会出现一个双向箭头，拖动鼠标指针改变画面开始放大的起始位置及放大效果停留的时长，并保存文件。

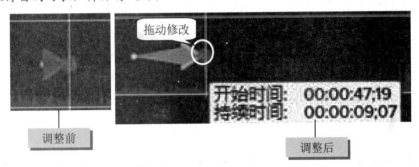

图 2-31　调整放大特效时长

2.2.2　缩小屏幕

在微课中，可以将画面放大的同时，为了便于知识点的逐步理解，还可以将画面缩小到合适大小，从而进行更有条理性的讲解。

实例6　初中信息技术《三种动画的比较与运用》

本例内容是初中信息技术《三种动画的比较与运用》微课，通过缩小屏幕来展示不同动画的效果，方便学生记忆和理解操作。屏幕画面缩小效果如图 2-32 所示。

录制微课时如果需要缩小屏幕，则应该先确定缩小的起始点，然后在"动画"面板中调整屏幕的大小控制柄，直到合适为止。

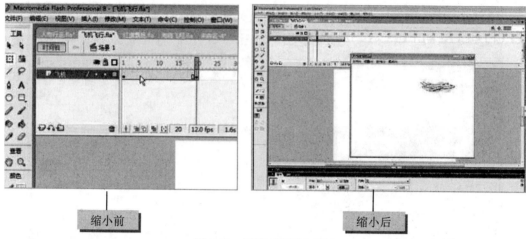

缩小前   缩小后

图 2-32   屏幕画面缩小效果

 跟我学

1. **导入微课**   运行 Camtasia Studio 软件，将微课 "三种动画的比较与运用.mp4" 导入媒体箱，并拖到媒体轨道中。

2. **确定缩小点**   按图 2-33 所示操作，将时间轴上的播放头移到需要缩小画面所在的帧上。

图 2-33   确定缩小点

3. **确定控制句柄**   按图 2-34 所示操作，在 "动画" 面板中预览画面，选择合适的句柄调整画面区域。

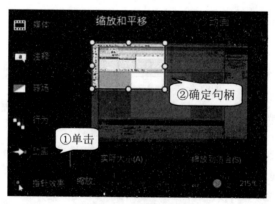

图 2-34   确定控制句柄

4. **缩小屏幕**　按图 2-35 所示操作，调整句柄，放大矩形选框，就好像是将镜头对准被摄物体拉远一样，此时右边的画面立刻变小，调整画面到合适位置。

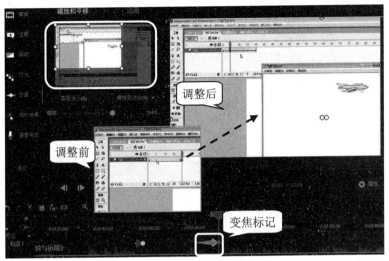

图 2-35　缩小屏幕

5. **调整时长**　按图 2-36 所示操作，改变画面开始缩小的起始位置及画面缩小效果停留的时长，并保存文件。

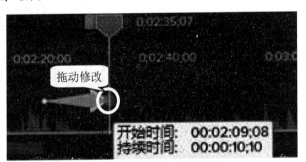

图 2-36　调整缩小特效时长

2.2.3　还原变焦

在微课中讲解完知识点后，可将屏幕画面进行还原，以保证微课画面的完整性，方便学生在完整的知识点结构中进行总结和回顾。

实例 7　初中信息技术《三种动画的比较与运用》

本例内容是初中信息技术《三种动画的比较与运用》微课，通过微课系统回顾三种动画的制作方法，通过对比演示进行区分识别。屏幕画面变焦还原效果如图 2-37 所示。

图 2-37　屏幕画面变焦还原效果

　　录制微课过程中调整了屏幕大小后如果需要还原，则应该先确定还原的起始点，然后拖动缩放滚动条到 100%，即可将屏幕还原到原来的大小。

 跟我学

1. **导入微课**　运行 Camtasia Studio 软件，将微课"三种动画的比较与运用.mp4"导入媒体箱，并拖到媒体轨道中。

2. **确定还原点**　按图 2-38 所示操作，将时间轴上的播放头移到需要还原到原始画面所在的帧上。

图 2-38　确定还原点

3. **还原屏幕**　按图2-39 所示操作，将缩放比例拖动到 100%，还原屏幕为满屏显示。

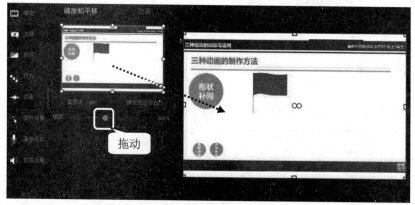

图 2-39　还原屏幕

4. **调整时长**　按图 2-36 所示操作，改变画面开始还原的起始位置及画面还原效果停留的时长，并保存文件。

知识库

1. 利用视频预览窗口变焦

用户不仅可以在"变焦"面板中调整视频画面的变焦效果，还可以利用视频预览窗口进行变焦。按图 2-40 所示操作，调整句柄，可适当放大、缩小和还原画面，但要注意的是，缩小画面就不能满屏显示，可结合微课设计需要合理使用。

图 2-40　利用视频预览窗口直接变焦

2. 变焦功能使用注意事项

变焦功能极大地改善了微课画面的单一性，让微课画面更具跳跃性，减少了学习者的视觉疲劳，但是增加画面层次性的同时也要注意画面的完整性和系统性，应根据微课设计思路，合理使用变焦功能。频繁变焦会增加学习者要接收的信息量，快速变焦增加了学习者对于微课中知识点的理解难度，画面跳跃感太强烈，反而适得其反。

2.3　录制指针效果

观看微课时，为了让关键的重点知识引起学生的注意，有时根据需要可以为鼠标指针添加特殊效果，突出显示，帮助学生理解。

录制指针效果

2.3.1　添加指针效果

实例 8　初中信息技术《添加边框和底纹》

本例内容是初中信息技术《添加边框和底纹》微课，通过添加指针效果，使其在具体操作鼠标时突出显示，帮助学生观察操作按钮和细节。指针效果如图 2-41 所示。

图 2-41　指针效果

在录制微课时添加指针特效，需要先确定指针效果的起始点，然后在"指针特效"面板中选择合适的指针效果进行添加。

 跟我学

1. **确定指针效果起始点**　运行 Camtasia Studio 软件，将微课"添加边框和底纹.mp4"导入媒体箱，并拖到媒体轨道中。按图 2-42 所示操作，选择对应轨道，将播放头移到需要添加指针效果的帧上。

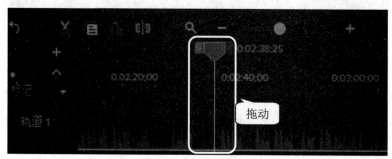

图 2-42　确定指针效果起始点

2. **打开指针特效面板**　按图 2-43 所示操作，打开"指针效果"面板。

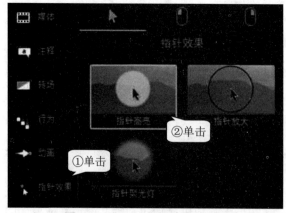

图 2-43　打开"指针效果"面板

3. **添加指针效果**　按图 2-44 所示操作，选择需要设置的指针效果，拖动指针效果到媒体轨道中对应的媒体上，当前轨道下方会自动显示"指针效果"显示条和鼠标操作标记，方便后期编辑改变指针动画区域和位置。

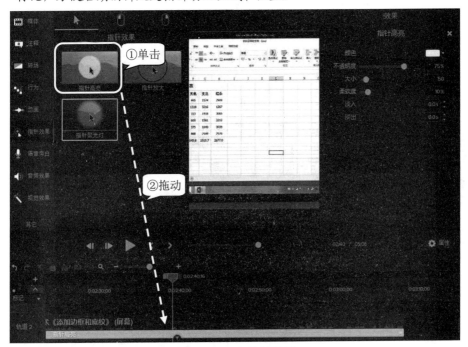

图 2-44　添加指针效果

4. **编辑、预览指针效果**　按图 2-45 所示操作，选择指针效果显示条，改变指针效果的显示位置，拖动黄色显示条两边的边框可以改变动画显示的区域。

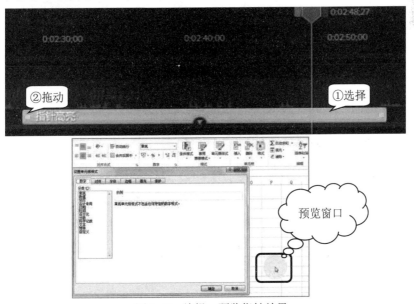

图 2-45　编辑、预览指针效果

知识库

1. 录制前添加指针效果

在微课中添加指针效果，可分为录制前添加和录制后添加两种方式，需根据微课设计和制作的需要来合理选择。录制前添加指针效果需在创建新项目后将视频的格式修改为".avi"，只有将保存格式修改为".avi"后才会出现添加指针效果的选项，再根据微课设计需要进行设置。具体操作步骤如图 2-46 所示。

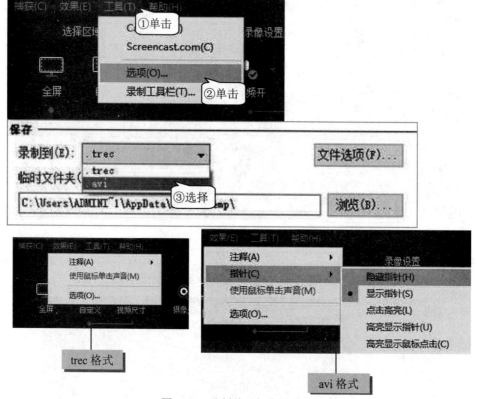

图 2-46　录制前添加指针效果

2. 录制前后添加指针效果的区别

添加指针效果的顺序不同，所显示的效果和区域也会有所不同。

- 录制前添加指针效果：一个视频中只有一种指针效果并贯穿始终。
- 录制后添加指针效果：一个视频中可根据时间段设置多个指针效果，并且每个时间段可分别设置不同的指针效果，体现不同的特效，丰富画面效果。

2.3.2　设置指针效果

在用 Camtasia Studio 录制微课视频后，可根据需要添加指针效果，在默认情况下，鼠标指针是没有效果的，如果不设置效果，后期添加了动画也是没有效果的，所以在添加动画之前必须要根据需要设计合理的指针效果。

实例 9　初中信息技术《添加边框和底纹》

本例内容是初中信息技术《添加边框和底纹》微课，通过设置不同的指针效果，使其在具体操作鼠标时突出显示，帮助学生观察操作按钮和细节。指针效果如图 2-47 所示。

在微课中可以为指针设置不同的效果，例如，单击、右击和双击等效果，增加微课的趣味性。

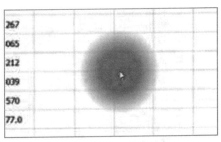

图 2-47　指针效果

 跟我学

1. **导入微课**　运行 Camtasia Studio 软件，将微课"添加边框和底纹.mp4"导入媒体箱，并拖到媒体轨道中，确定好指针效果的起始点。

2. **设置指针效果**　按图 2-48 所示操作，根据需要设置指针高亮的颜色、不透明度、大小、柔软度等。

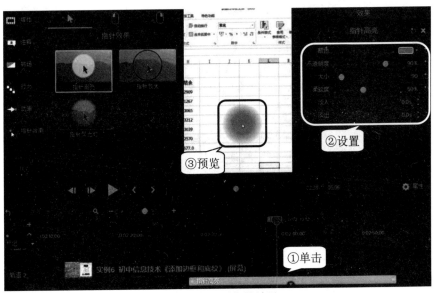

图 2-48　设置指针效果

3. **设置左键点击效果**　按图 2-49 所示操作，还可以设置鼠标点击效果，每个左键点击的位置都会出现一个特殊效果。

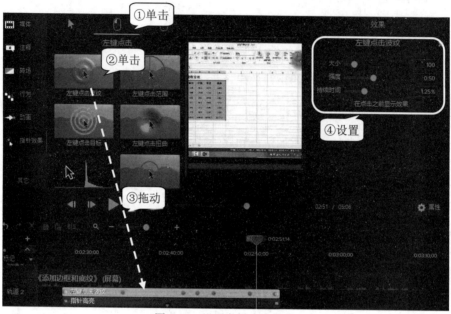

图 2-49　设置左键点击效果

4. **设置右键点击效果**　按照左键点击效果的相同操作，设置右键点击的效果。
5. **预览指针效果**　按图 2-50 所示操作，预览指针效果。

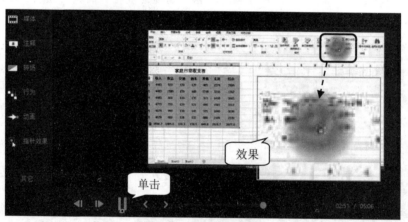

图 2-50　预览指针效果

 知识库

1. 设置指针效果

将视频的保存格式修改成 ".avi" 格式后，在 "效果" 菜单中会出现 "指针" 选项，选择 "效果" → "选项" 命令，系统弹出 "效果选项" 对话框，在 "指针" 选项卡中设置指针效果，具体操作步骤如图 2-51 所示。

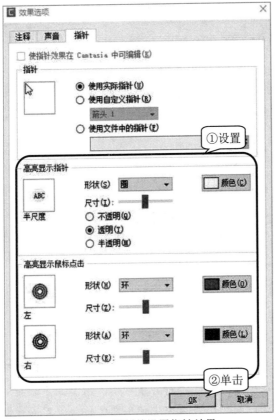

图 2-51 录制前设置指针效果

2. 指针效果的类别

可结合自身需要对指针效果进行设置，指针效果主要有如下几种类别。

- 指针效果：指针高亮、指针放大、指针聚光灯。
- 左键点击：左键点击波浪、左键点击范围、左键点击目标、左键点击扭曲、左键点击声音、左键点击圆环。
- 右键点击：右键点击波浪、右键点击范围、右键点击目标、右键点击扭曲、右键点击声音、右键点击圆环。

第3章

编辑处理微课

　　编辑微课就是通过修改视频和音频中的错误，调整衔接不理想的地方，来消除微课中的错误，完善微课；通过编辑声音、添加背景音乐，使微课声音更加完美；在微课的关键地方添加文字，给学习者以提示；在微课中使用图像作为文字和视频的必要补充，使教学环节更加清晰；通过剪辑视频、复制视频等操作，让微课视频更加紧凑；对微课重点内容添加屏幕绘制效果，让学习者加深记忆。

本章内容

- 编辑文字
- 编辑图像
- 编辑音频
- 编辑视频

3.1　编辑文字

微课的开头要有醒目的标题，关键操作处要有文字提示。无论是微课标题还是文字提示，都可以通过 Camtasia Studio 软件注释或字幕工具插入文字。

3.1.1　编辑注释

Camtasia Studio 软件有多种类型的注释，用户可以为微课添加标题文字，也可以在关键操作处添加提示文字。

实例 1　小学信息技术《认识 Word 软件》

本例内容是小学信息技术《认识 Word 软件》微课。本实例使用 Camtasia Studio 软件的注释工具添加标题文字，效果如图 3-1 所示。

图 3-1　微课《认识 Word 软件》片头

使用 Camtasia Studio 软件给视频添加注释，编辑注释文字为标题内容，即可为微课添加标题文字。

跟我学

1. **导入视频** 运行 Camtasia Studio 软件，按图 3-2 所示操作，将视频导入媒体箱。

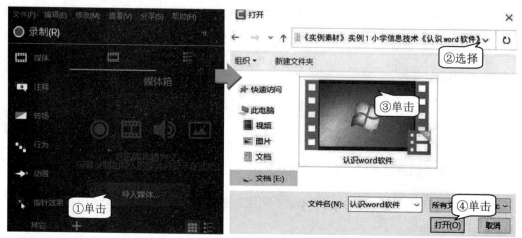

图 3-2 导入视频

2. **添加视频到轨道** 按图 3-3 所示操作，把 "认识 Word 软件.mp4" 视频添加到轨道 1 中。

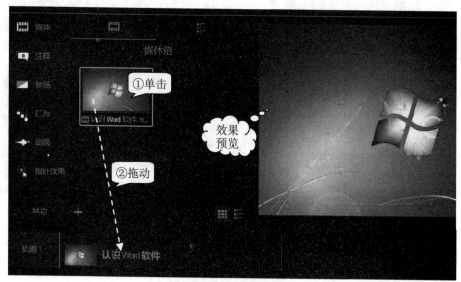

图 3-3 添加视频到轨道

3. **添加标题** Camtasia Studio 软件有多种类型的注释，每种注释又有不同的样式，按图 3-4 所示操作，使用注释工具，添加标题文字。

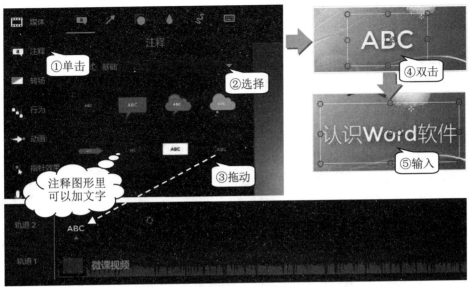

图 3-4 添加标题文字

4. **设置文字格式** 按图 3-5 所示操作，完成文字格式设置。

图 3-5 设置文字格式

5. **调整文字位置** 按图 3-6 所示操作，完成文字位置和显示区域设置。

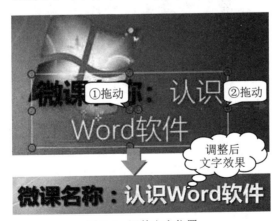

图 3-6 调整文字位置

6. **效果预览** 最终效果如图 3-1 所示。

7. 保存文件 选择"文件"→"保存项目"命令，保存编辑好的文件。

 知识库

1. 注释的控制点

给微课添加文字注释，要根据需要调整大小、移动位置、变换角度。被选中的注释，有 10 个控制点，拖动控制点可改变注释的大小，多次、反复地调整可以达到理想效果，通过调整控制点可改变文字显示的位置、宽度和高度，还可以进行旋转和移动，各控制点的作用如图 3-7 所示。

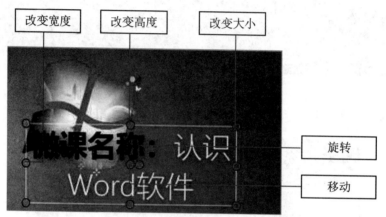

图 3-7　注释的控制点

2. 改变文字显示时段

在微课中，可以在时间轴上对文字显示的起止时间进行设置，如图 3-8 所示。

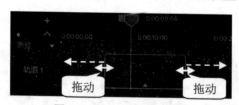

图 3-8　改变文字显示时段

3. 注释的类型和样式

在给微课添加注释时，有多种类型和样式可供选择，如图 3-9 所示。"文字"注释有思想气泡、箭头和纯文本等类型。"箭头和线条"注释有双箭头、虚线、实线等类型。"形状"注释用于为视频添加各种形状。"特殊"注释是使用模糊、像素化、高亮或可单击的热点效果来增强媒体效果。"草图运动"注释用于在一段时间内在屏幕上绘制动画。

在"文字""箭头和线条""形状"三种注释中，又包括"抽象""基础""粗体"等多种可选样式。

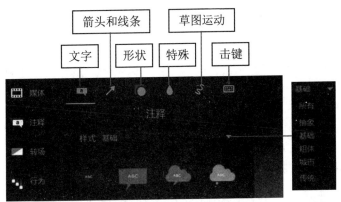

图 3-9　注释的类型和样式

3.1.2　编辑字幕

微课片头多用静态文字，在微课讲解过程中多添加同步文字，用于应对听不清语音的情况。使用 Camtasia Studio 为微课添加文字既可以使用注释，又可以使用字幕文件，无论使用哪一种方法，都能使讲解声音与文字同步出现。

实例 2　高中化学《复习萃取-分液与蒸馏》

本例内容是高中化学《复习萃取-分液与蒸馏》微课。本实例运用 Camtasia Studio 中的字幕文字添加功能，为讲解声音添加同步文字，效果如图 3-10 所示。

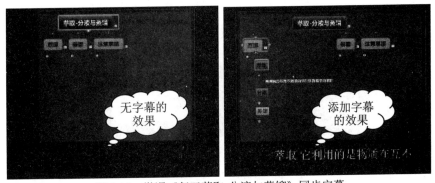

图 3-10　微课《复习萃取-分液与蒸馏》同步字幕

使用 Camtasia Studio 软件给微课添加字幕，并设置字幕显示时长，将其与讲解声音相匹配，就能达到为讲解声音添加同步文字的效果。

 跟我学

1. **导入视频**　运行 Camtasia Studio 软件，单击"导入媒体"，导入"微课视频.mp4"文件。

2. **添加字幕** 将"微课视频.mp4"视频添加到轨道 1 中,按图 3-11 所示操作,完成字幕文字的添加和字幕文字格式的设置。

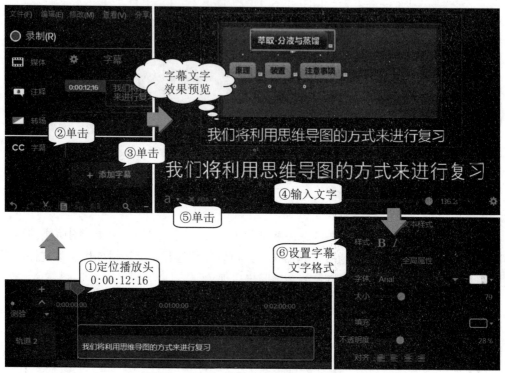

图 3-11　添加字幕、设置字幕文字格式

3. **调整字幕显示时长** 按图 3-12 所示操作,调整文字显示时长,使文字与声音同步。

图 3-12　调整字幕显示时长

4. **试听效果** 从刚才添加文字处开始播放,检查字幕与声音是否同步,达到理想效果后,保存文件。

5. **继续添加字幕** 按图 3-11 添加字幕和图 3-12 调整字幕显示时长的操作方法,将后面的声音配上字幕,保存文件。

 知识库

1. 同步字幕

让微课中的讲解显示字幕,可以通过"同步字幕"功能来实现。把文字输入文本文件中，不需要加标点，因为文字随着讲解出现，有标点反而不好操作。

- 添加同步字幕：复制全部文件后，按图3-13 所示操作，完成同步字幕的添加。在执行图 3-13 所示的第 3 步后，系统会从头开始播放，当听到第一句话的第一个字时，就单击该句第一个字，当听到下一句时，单击下一句的第一个字，以此类推，直到系统把最后一句读完，单击"停止"按钮，完成同步字幕的添加。

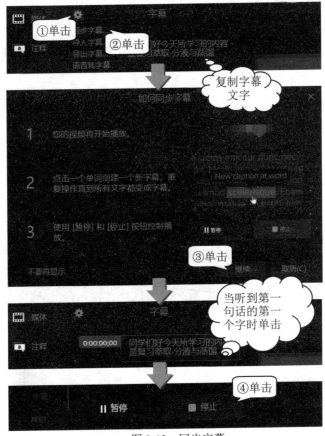

图 3-13　同步字幕

- 调整字幕与声音同步：添加完字幕后，由于人的反应快慢不同，听到声音再单击，文字显示就会比声音晚一些，因此要对字幕显示时段进行调整，没有声音的部分就不要让字幕出现。按照图 3-14 所示操作，完成字幕显示时段的调整。

2. 播放头定位

编辑微课时，有时需要快速移动播放头，这时应该将轨道中的视频缩小显示。有时需要精确定位播放头(例如，当寻找两个不同场景之间的时间点时，需要精确到 0.01 秒)，这时在确定大致位置后，应将轨道中的视频尽量放大显示。有关操作技巧如图 3-15 所示。

图 3-14　调整字幕与声音同步

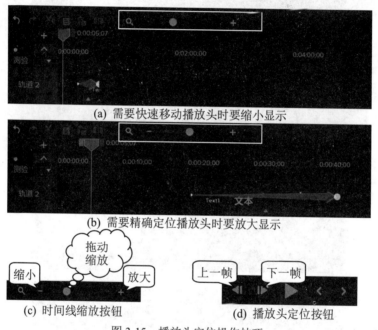

(a) 需要快速移动播放头时要缩小显示

(b) 需要精确定位播放头时要放大显示

(c) 时间线缩放按钮　　　　　(d) 播放头定位按钮

图 3-15　播放头定位操作技巧

3.1.3　设置动态字幕

在微课的关键操作处加上字幕，可加强学习者对学习内容的记忆，也可让课程脉络更加清晰。微课中的文字不仅可以静态显示，使用行为工具可以设置动态文字效果。

设置动态字幕

实例 3　高中化学《复习萃取-分液与蒸馏》

本例内容是高中化学《复习萃取-分液与蒸馏》微课。本实例运用 Camtasia Studio 在片尾添加了动态文字，效果如图 3-16 所示。

字幕开始进入　　　　　　　字幕完全显示　　　　　　　字幕逐渐退出

图 3-16　微课《复习萃取-分液与蒸馏》片尾

使用 Camtasia Studio 软件的注释工具先为微课添加字幕，然后设置文字格式，再为字幕添加 "行为"，即可为微课添加动态字幕。

 跟我学

1. **导入视频**　运行 Camtasia Studio 软件，将 "微课视频.mp4" 导入媒体箱。
2. **添加字幕**　将媒体箱中的 "微课视频.mp4" 添加到轨道 1 中，使用注释工具，按图 3-17 所示操作，添加字幕，并调整位置和显示区域。

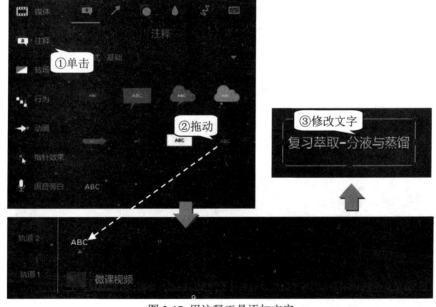

图 3-17　用注释工具添加文字

3. **设置文字格式**　按图 3-18 所示操作，完成文字格式的设置。
4. **设置文字 "行为"**　按图 3-19 所示操作，给文字添加 "行为"，并设置 "行为" 属性。

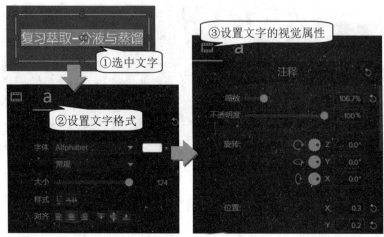

图 3-18 设置文字格式

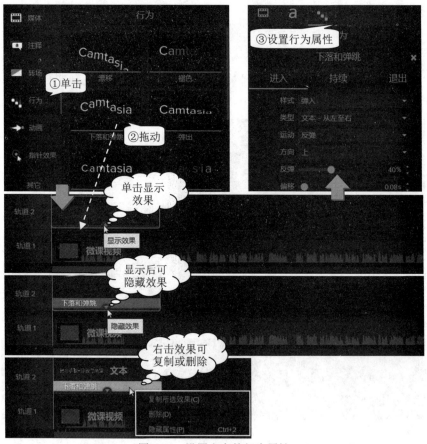

图 3-19 设置文字的行为属性

5. **保存文件** 选择"文件" → "保存项目"命令,将文件以"动态字幕.camproj"为名
进行保存。

知识库

1. 设置文字"行为"属性

使用"行为"可以设置动态文字效果,"行为"属性包括"进入""持续""退出"三部分。以文字"漂移"效果为例,如图3-20所示,每部分又包括样式、类型、运动等选项,可以通过设置这些属性,让文字的动态效果更加精美。

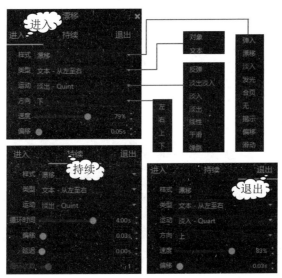

图 3-20   "漂移"的三种属性

2. 使用"动画"制作动态字幕

除了可以使用"行为"制作动态字幕,还可以使用"动画"制作动态字幕。使用前面所学的知识,给文字添加动画。分别在动画的起点、终点等位置,对文字进行平移、旋转和缩放等设置,就能制作出如图 3-21 所示的动态字幕。

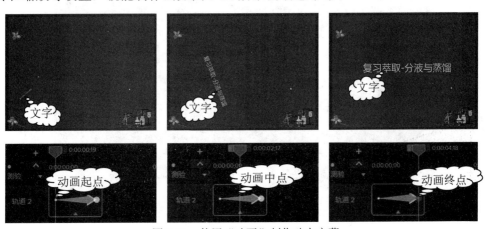

图 3-21   使用"动画"制作动态字幕

3.2 编辑图像

在 Camtasia Studio 中不仅可以添加文字，还可以将图片作为视频和文字的必要补充。使用 Camtasia Studio 对图片进行自由缩放、旋转和剪裁，配合聚焦和移动，可以做出许多动画效果。

3.2.1 导入图像

在 Camtasia Studio 中，导入图像的方法与导入视频的方法类似。可以一次导入一个图像，也可以一次导入多个图像，还可以同时导入图像、视频和音频等多种类型的媒体。

实例4　小学数学《认识公顷》

本例内容是小学数学《认识公顷》微课。本实例运用 Camtasia Studio 软件展示在录制好的微课中导入图像的方法，以及利用图像替换原来画面的方法。

在 Camtasia Studio 软件中导入图片，将其添加到轨道，设置图片的显示时段，遮挡住原视频中的画面，就可以起到替换原画面的效果。

 跟我学

1. **导入视频**　运行 Camtasia Studio 软件，将视频"小学数学《认识公顷》.mp4"导入媒体箱，并添加到轨道 1 中。
2. **导入图片**　按照导入视频的方法，再把图像导入媒体箱。
3. **添加图片到轨道**　根据需要，在开始介绍观众席时，显示鸟巢内部座位图片，按图 3-22 所示操作，即可将图片添加到轨道 2 中。

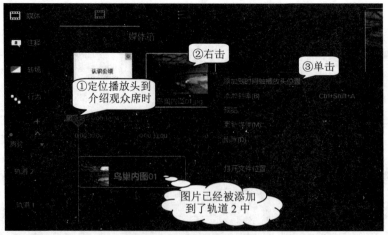

图 3-22　添加图片到轨道

4. **调整图片显示时长** 播放微课，检查需要替换的画面时间段，以此为依据，调整图片的显示时长。按图 3-23 所示操作，即可调整图片在视频中的显示时长。

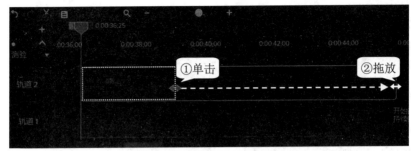

图 3-23 调整图片显示时长

5. **播放预览** 图片显示时长设置好后，播放预览看一看效果，按 Ctrl+S 键，保存文件。

3.2.2 裁剪图像

对于微课中用到的图像素材，大多数都要对其进行再加工才能符合要求，例如，有时只需要保留图像的一部分，有时要把图像上的无效信息去掉。这时就可以使用 Camtasia Studio 裁剪模式对图像进行简单处理。

实例 5 小学英语《My schoolbag》

本例内容是小学英语《My schoolbag》微课。本实例运用 Camtasia Studio 处理图像，去掉不用的部分，并调整图像的大小和位置。

在 Camtasia Studio 软件的裁剪模式中，通过拖动控制点的方式，去掉图片的无效部分；在编辑模式中调整图片的大小和位置。

跟我学

1. **导入视频** 运行 Camtasia Studio 软件，将"小学英语《My schoolbag》.mp4"导入媒体箱，并添加到轨道 1 中。
2. **添加图像** 将"书包"图像导入媒体库，定位播放头，在微课 1 分 22 秒处添加一个"书包"图像到轨道 2 中。
3. **调整图像显示时长** 延长图像显示时间到 2 分钟处结束。
4. **编辑图像** 按图 3-24 所示操作，在裁剪模式中剪裁图片，在编辑模式中完成调整大小和位置等操作任务。

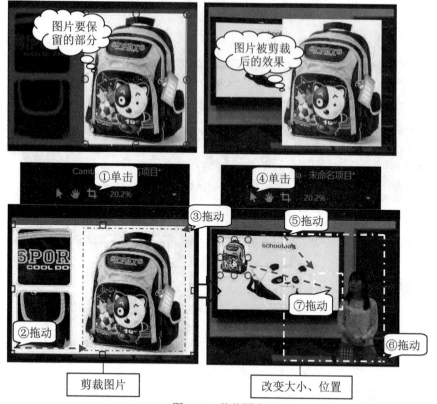

图 3-24　裁剪图片

 知识库

1. 将文字转换成图像

Camtasia Studio 软件的文字格式设置功能有限，想要设置出精美的文字效果，还需要借助其他软件。用户可以在 Photoshop、Illustrator 或其他设计类软件中设计文字，然后将其保存成透明背景的图片，再在 Camtasia Studio 软件中导入图片格式的文字，以弥补 Camtasia Studio 软件关于文字设计功能的有限性。

2. 添加图像的视觉效果

使用 Camtasia Studio 软件可以给图像添加阴影、边框等特效，以增加图像的视觉效果，为微课添彩。

给图像添加"边框"视觉效果的操作方法如图 3-25 所示。视觉效果功能区的"阴影""着色"等效果的操作方法与之类似，用户可以根据微课视频中使用图像效果的需要，选择合适的视觉效果。

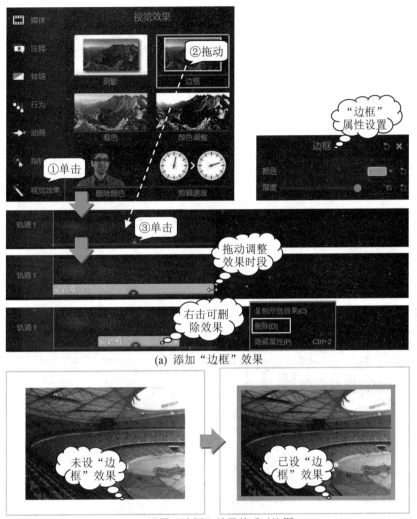

(a) 添加"边框"效果

(b) 设置"边框"效果前后对比图

图 3-25　添加"边框"视觉效果

3.3 编辑音频

高质量的微课，不仅要有清晰的画面，声音的音量也要大小适中、音量统一，且音质清楚、无杂音。录制微课时难免会有杂音，添加背景音乐和视频片段容易出现音量大小不一致的情况，这就需要对音量进行降噪、调整和修正。

3.3.1 音量调节

如果在录制过程中音量不合适，在编辑时就要对音量进行调控。调控音量，即将视频声音的音量调到适中，把噪音降到最小。

实例 6　小学数学《认识分数》

本例内容是小学数学《认识分数》微课,该微课中插入了几段动画片,其声音大小不同,与教师讲解的声音差别很大。运用 Camtasia Studio 进行调整,改善教师讲解声音与动画片中的声音大小不一致的情况。

使用 Camtasia Studio 的音频效果,对视频进行"音量调节",设置"音量调节"的属性,调高或调低声音,解决声音大小不一致的情况。

 跟我学

1. **导入视频**　运行 Camtasia Studio 软件,将"小学数学《认识分数》.mp4"导入媒体箱,并添加到轨道 1 中。
2. **试听声音**　播放视频,记住音量过高和过低的时间段。
3. **调整音量**　按图 3-26 所示操作,确定需要调整音频效果的时间段,然后调节音量,使微课的音量高低适中。

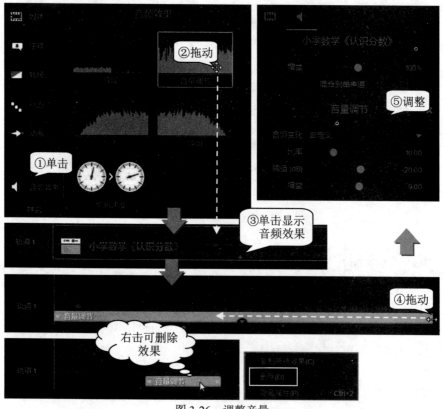

图 3-26　调整音量

4. **试听效果**　调整好后,要从头播放,试听调整后的效果,如果感觉不合适再用上述方法调整,直到音量大小适中。

5. **保存项目**　全部声音调整结束后，按 Ctrl+S 键，保存项目。

3.3.2　设置声音淡入淡出

如果微课中要用到多个视频片段，视频之间可以用转场效果来实现平滑过渡，声音之间也可以使用淡入淡出效果来过渡。

设置声音淡入淡

实例 7　初中物理《通电螺线管周围的磁场》

本例内容是初中物理《通电螺线管周围的磁场》微课。本微课的开头音乐与教师讲解之间进行过渡时，停止得太突然，用户可以运用 Camtasia Studio 使配音在结束时渐渐减弱，实现平滑过渡。

Camtasia Studio 中的"淡入""淡出"音频效果，用于让声音渐渐出现或渐渐减弱。在微课中应用"淡出"效果，可让微课声音在结束时渐渐减弱。

 跟我学

1. **导入视频**　运行 Camtasia Studio 软件，将"初中物理《通电螺线管周围的磁场》.mp4"导入媒体箱，并添加到轨道中。
2. **试听声音**　把视频看一遍，同时检查哪里声音过渡得不自然。
3. **设置音乐淡出**　按图 3-27 所示操作，把音频和视频分离后分割音频，再设置音乐的淡出效果。

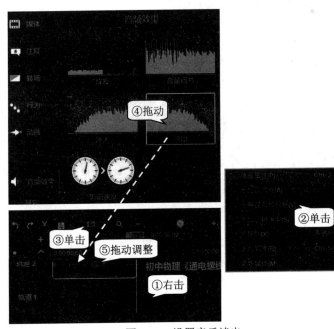

图 3-27　设置音乐淡出

4. **试听效果** 试听调整后的音频，如果感觉不合适再用上述方法调整，直到音量大小适中。

5. **保存项目** 全部声音设置结束后，按 Ctrl+S 键，保存项目。

3.3.3 消除噪声

微课中声音的质量和环境有关，若受到环境噪声的干扰，微课中的噪声过多，可以通过 Camtasia Studio 中的降噪功能来消除噪声，从而美化声音。

消除噪声

实例 8 小学美术《纸盘拼画》

本例内容是小学美术《纸盘拼画》微课。本实例运用 Camtasia Studio 对录制微课时的环境噪声进行消除。

Camtasia Studio 中的"降噪"音频效果，可以消除音频中的噪声。

 跟我学

1. **打开项目** 运行 Camtasia Studio 软件，打开"纸盘拼画.tscproj"项目文件。
2. **初听音效** 在预览区中单击"播放"按钮，可以听到微课中有较大噪声。
3. **消除噪声** 按图 3-28 所示操作，消除音频中的噪声。

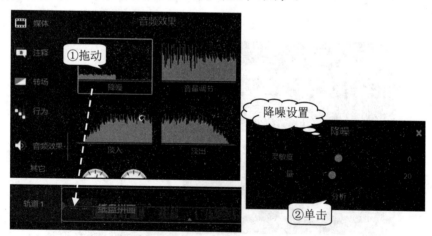

图 3-28 消除噪声

4. **试听效果** 再单击"播放"按钮，试听微课中消除噪声后的效果，噪声明显减小。
5. **保存项目** 按 Ctrl+S 键，保存项目后，可在生成的视频文件里查听微课视频中的声音。

知识库

1. 音频点

对于带有声音的文件不仅可以进行音视频分离，还可以添加音频点，从而对音频进行自由设置，如图 3-29 所示。

图 3-29　添加音频点

2. 使用 Adobe Audition 自适应降噪

利用 Camtasia Studio 软件对微课音频进行降噪的效果不是很好，为了达到更好的音频降噪效果，可以使用更专业的音频处理软件 Adobe Audition 进行降噪。

运行 Adobe Audition 软件，选择"文件"→"导入"→"文件"命令，将"纸盘拼画.mp4"文件导入。按图 3-30 所示操作，选择"自适应降噪"选项。完成后选择"文件"→"导出"→"文件"命令，即可导出为音频文件，该文件即可在 Camtasia Studio 中使用。

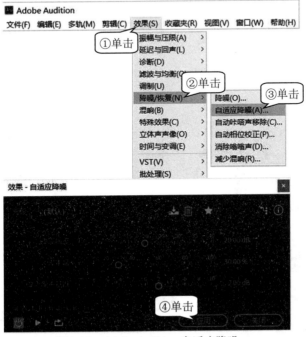

图 3-30　Adobe Audition 自适应降噪

3. 把音频从视频中分离

有时在编辑视频中的音频时，想要删除部分音频，而不想修改视频，这时可以把音频单独分离出来再编辑。按图 3-31 所示操作，将音频会从视频中分离出来，放在单独的轨道中，再对音频进行分割和删除操作则不会对视频造成影响。

图 3-31　分离音频和视频

3.3.4　添加视频配音

有时录制微课视频时没有出问题，但声音却出现了错误，这时可以通过配音让微课的声音正确无误。

实例 9　初中物理《声音的产生》

本例内容是初中物理《声音的产生》微课。因为该微课是一位教师只针对一位同学进行讲解，所以要把微课开始的"同学们好"改成"同学你好"。这时可以通过删除音频、添加配音的方法来解决这个问题。

在 Camtasia Studio 软件中先把音频从视频中分离出来，再分割出错误音频。删除错误音频后添加配音，即可修正微课中的错误音频。

 跟我学

1. **打开项目**　运行 Camtasia Studio 软件，打开"声音的产生.tscproj"项目文件。
2. **删除音频**　按图 3-32 所示操作，先分离音频和视频，再分割出错误音频，然后删除第一句配音。

图 3-32　删除音频

3. **录制配音**　按图 3-33 所示操作，录制配音。

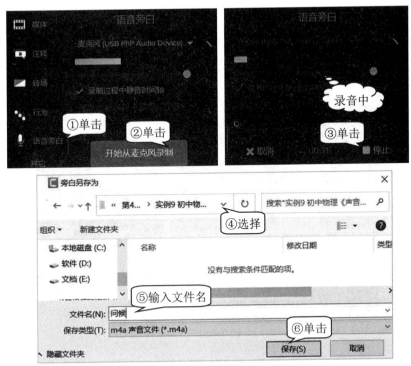

图 3-33　录制配音

4. **编辑音频**　录制的声音文件将出现在新轨道中，单击"播放"按钮，试听微课中刚刚录制的音频，根据需要，按照前面所学的知识对多余的声音进行删除、降噪等操作。

5. **保存项目**　按 Ctrl+S 键，保存项目后，可在生成的视频文件里查听声音。

 知识库

1. 利用文字转语音软件合成声音

现在的文字转语音软件功能非常强大，在给微课配音时可以采用此类软件。在网上搜索"文字转语音软件"，可以搜索出多个在线转语音软件，下载后安装。经过简单设置后，便可进行转换。在转换时，可以把微课中的声音一句一句地转换，方便声音与画面同步。

2. 修改微课中错误音频的方法

在录制微课时可能会出现说错少量文字的情况，如果当时发现了，可重复先前操作重新说一次，在剪辑时把错误的音频删除即可；如果录制时没有发现，在后期编辑时才发现，若只是一两个字，则可以在错误处设置标记，把微课中其他有正确发音的音频复制过来，再把错误音频删除即可；如果微课中没有正确发音的音频，可以重新录制一段正确的发音，替换掉错误的发音。

3. 使用"组"操作

在调整好微课中的音频和视频配音后，为了在以后的操作中音频和视频都能保持一致，可以将它们合成组。合成组后的音频和视频可以作为整体被移动，也可以展开组，对组内的元件进行编辑，还可以把视频、字幕、音频、照片、转场效果一起合成组。关于组的操作方法如图 3-34 所示。

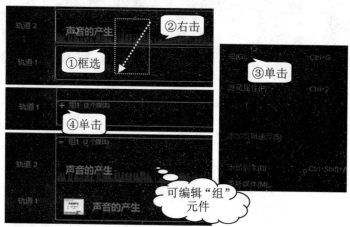

图 3-34　使用"组"操作

3.3.5　添加背景音乐

在微课视频中为生动的讲解配上美妙婉转的轻音乐，在传授知识的同时，给人以美的享受，从而使微课的档次得以提升。

添加背景音乐

实例 10　初中化学《化合价》

本例内容是初中化学《化合价》微课。本实例运用 Camtasia Studio 在微课中添加了"小水果.mp3"和"小苹果.mp3"背景音乐。

在 Camtasia Studio 软件中导入微课视频和背景音乐，将微课拖入轨道，再将背景音乐拖入新轨道，如果背景音乐时长不够，可以多次使用背景音乐，从而完成给微课添加背景音乐的任务。

 跟我学

1. **导入素材**　运行 Camtasia Studio 软件，把素材"化合价.mp4"小水果.mp3"小苹果.mp3"导入媒体箱。

2. **添加媒体到轨道**　新建一条轨道，把视频"化合价.mp4"拖放到轨道 1 中，把"小水果.mp3"和"小苹果.mp3"拖放到轨道 2 中。因为视频时长较长，所以要使用两次"小水果.mp3"音频。

3. **设置背景音乐**　背景音乐的声音不能太大，其主要用于为视频中的讲解声音作陪衬，填补讲解空白，营造一个轻松舒适的学习氛围。按图 3-35 所示操作，对插入音乐的音量进行调整，以便达到较好的效果。

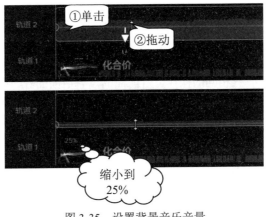

图 3-35　设置背景音乐音量

4. **保存项目**　按 Ctrl+S 键，保存项目后，可在生成的视频文件里查听声音。

 知识库

1. 轨道操作

在编辑微课时，常常会有多条轨道，如果掌握一定的轨道操作技巧，可以提高微课制作效率。关于轨道的整体操作有如下几种。轨道头部组成见图 3-36。

图 3-36　轨道头部组成

- 锁定轨道：在轨道比较多的情况下，有时把一条轨道的编辑工作做完后，不想再进行编辑，就可以对该轨道进行锁定，这时再对其他轨道的音频或视频进行编辑时就不会影响锁定的轨道。

- 关闭轨道：在对视频进行编辑时，常常有多条轨道，有时不想看到某条轨道的视频或音频播放，可以关闭该轨道，单击"关闭轨道"按钮即可。

- 轨道改名：在对视频进行编辑时，添加的特效过多，就会有很多条轨道，为了管理方便，可以根据轨道上显示的内容给每条轨道命名，这样更方便管理，可以提高工作效率。

2. 设置背景音乐时的注意事项

在给微课添加背景音乐时，常常会出现音乐长度与视频长度不一致的情况，这就需要对背景音乐进行剪裁，把多余的音乐删除掉，这样声音会戛然而止，这时可以对音乐进行淡出处理。有时只想使用某首音乐的其中一段或几句，不想让音乐进入得太突兀，这时可以对音乐进行渐入处理。背景音乐要以轻音乐为主，音量不可太大，以不影响讲解声音为好，背景音乐只是为讲解作衬托的，不可喧宾夺主。

3.4 编辑视频

在编辑微课时，大多数操作都是对视频进行编辑，例如，视频中出现错误需要删除，就要用到"分割视频"操作；有些相同的操作，若前面的没有后面的好，可以用到"复制与替换视频"操作；若不想显示视频背景，可以用到"删除视频背景"操作；若想在主要视频上增加其他视频，起到补充作用，可用"画中画"功能来实现。

3.4.1 分割视频

分割视频是视频操作中用得最多的操作，例如，在不同画面之间添加转场效果，或在视频中插入一幅图画等，都要用到"分割视频"操作。

分割视频

实例 11　小学科学《测量水的温度》

本例内容是小学科学《测量水的温度》微课，本实例运用 Camtasia Studio 把片头和正式讲课视频进行了分割。

Camtasia Studio 软件的分割工具，可以分割轨道中的媒体。选中微课视频所在的轨道，使用分割工具，即可分割微课，从而把片头和正式讲课视频分割开。

 跟我学

1. **打开项目**　运行 Camtasia Studio 软件，打开"小学科学《测量水的温度》(初).tscproj"项目文件。

2. **分割视频**　按图 3-37 所示操作，完成视频的分割。

图 3-37　分割视频

3. **继续分割**　根据编辑需要，可以进行其他视频的分割。如果多轨道视频同一时间都要分割，可以一次选中所要分割的视频，单击一次"分割"按钮即可。

4. **保存文件**　只要对文件进行了修改，就要进行保存，以备以后使用。

3.4.2　复制与替换视频

在微课中有时会有重复的操作，也许重复的操作中有的地方有瑕疵，这时可以把好的视频片段复制过去，替代不好的，这就要用到"复制与替换视频"操作。

实例 12　小学语文《留言条的写法》

本例内容是小学语文《留言条的写法》微课。本实例使用 Camtasia Studio 把 1 分 49 秒到 2 分 11 秒的记忆歌谣复制到最后，替换微课里的歌谣，因为最后的歌谣中夹杂着学生下课时的嘈杂声。

在 Camtasia Studio 软件中先把音频从视频中分离出来，再分割出错误音频，删除错误音频后添加配音，即可修正微课中的错误音频。

 跟我学

1. **打开项目**　运行 Camtasia Studio 软件，打开"小学语文《留言条的写法》.tscproj"项目文件。

2. **定位播放头**　把播放头拖到 0:01:49:18 处。

3. **复制视频片段**　按图 3-38 所示操作，完成歌谣视频的复制，并消除原声。

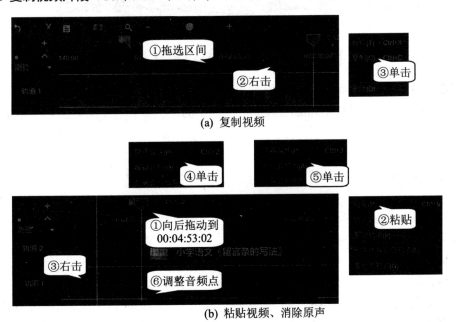

(a) 复制视频

(b) 粘贴视频、消除原声

图 3-38　复制视频片段

4. **试听保存**　把播放头向前拖一些，试听效果，如果满意，按 Ctrl+S 键，保存文件。

3.4.3　删除视频背景

在编辑微课时，有时需要插入其他视频，并将其视频背景删除，对于纯色背景的视频，在 Camtasia Studio 中可以很方便地删除。

删除视频背景

实例 13　高中物理《太阳能从西边升起吗》

本例内容是高中物理《太阳能从西边升起吗》微课。本实例运用 Camtasia Studio 添加视频功能添加了地球自转小视频，原来的背景是黑色的，为了使视频效果更好，需要把黑色的背景删除。删除后的效果如图 3-39 所示。

图 3-39　微课《太阳能从西边升起吗》效果图

使用 Camtasia Studio 软件，把需要添加到微课的视频拖入新轨道，调整大小和位置，即给微课添加了视频。使用 Camtasia Studio 软件中的"删除颜色"视觉效果，可以删除纯色的背景。

 跟我学

1. **打开项目**　运行 Camtasia Studio 软件，打开"太阳能从西边升起吗.tscproj"项目文件。
2. **导入素材**　把视频"地球.mp4"导入媒体箱中。
3. **拖入轨道**　将视频"地球.mp4"拖入轨道 2 中，并调整位置。
4. **调整视频大小和位置**　按图 3-40 所示操作，完成"地球.mp4"视频大小和位置的调整。
5. **删除视频背景**　按图 3-41 所示操作，完成"地球.mp4"视频背景的删除。

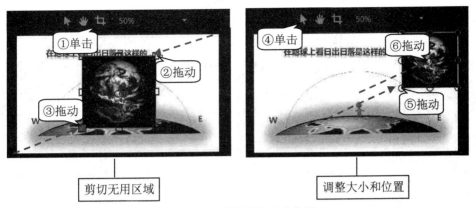

图 3-40　调整视频大小和位置

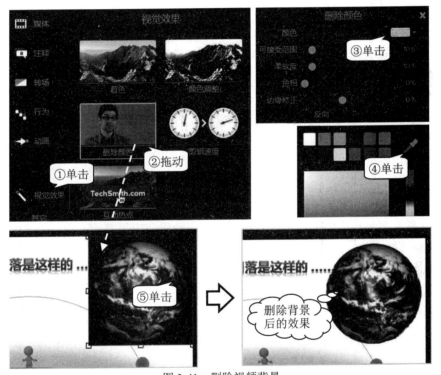

图 3-41　删除视频背景

6. 保存项目　按 Ctrl+S 键，保存项目后，生成视频并查看视频效果。

 知识库

1. 视频时间对齐提示

在设置画中画效果时，常常需要调整上层画面的显示时间，使其与下面某个画面的开始时间或结束时间对齐，此时需要新建一个空轨道，把要做画中画的视频拖放到新建的轨道上，并拖动到要显示的大致位置，再慢慢拖动，当拖动到出现黄色线时，说明两个视频开始或结束时间相同，释放鼠标，即可完成对齐，操作步骤如图 3-42 所示。

图 3-42　视频时间对齐提示

2. 拍摄人像抠图视频注意事项

对于纯色背景的视频，运用 Camtasia Studio 软件可以很方便地删除背景。如果视频背景比较杂乱，那么删除背景后的效果就不是很好。因此，如果微课中需要教师出境，在前期的拍摄过程中，就需要使用纯色背景。蓝色是人类皮肤颜色的补色，所以删除蓝色背景就比较容易。或者使用纯绿色背景，也比较容易实现人像分离。无论使用蓝色还是绿色作为拍摄背景，在拍摄时都要保证光线的均匀，同时被拍摄者的衣服不要有与背景色接近的颜色，否则会影响背景颜色的删除效果。

3. 常见视频格式

视频文件有多种格式，不同格式的视频体积、画质和应用有所不同，常见的视频格式有 AVI、RM、FLV 等。

- AVI 格式：视频文件体积大，主要应用在多媒体光盘上，用来保存电视、电影等各种影像信息。
- RM 格式：视频文件体积小，比较清晰，可以实现即时播放，即先从服务器上下载一部分视频文件，形成视频流缓冲区后实时播放，同时继续下载，为接下来的播放做好准备。
- FLV 格式：视频文件体积小，是普通视频文件体积的 1/3。它形成的文件极小、质量较好、加载速度极快，使得网络观看视频文件成为可能。

4. 视频资源下载

"硕鼠 FLV 视频下载器"是一款专业的 FLV 视频下载软件，它具有体积超小、功能强大的特点。它可智能地选择地址，自动命名，实现 FLV/MP4 自动合并。硕鼠下载器的界面如图 3-43 所示。

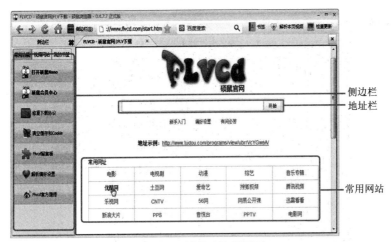

图 3-43 硕鼠下载器界面

3.4.4 设置视频转场特效

微课中的视频由不同场景组成，在各场景之间添加一些转场效果，可使微课画面流畅自然，避免给人以生硬的感觉，好的过渡效果能使两个不同场景连接得天衣无缝，给学习者以美的享受。

设置视频转场
特效

实例 14 初中信息技术《上传空间照片》

本例内容是初中信息技术《上传空间照片》微课。本实例运用 Camtasia Studio 设置不同场景之间的转场效果，效果如图 3-44 所示。

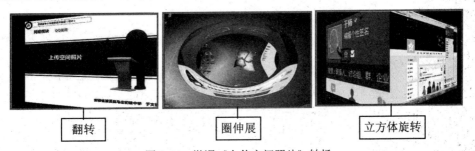

图 3-44 微课《上传空间照片》转场

Camtasia Studio 的"转场"工具，有"褪色""翻转""折叠"等效果。使用该工具可以为两段视频设置切换效果，让不同场景间的转换流畅自然。本实例使用"转场"工具中的"翻转""圈伸展""立方体旋转"效果，为微课视频设置了转场效果。

 跟我学

1. 导入项目文件 运行 Camtasia Studio 软件，打开"上传空间照片.tscproj"项目文件。

2. 添加转场　按图 3-45 所示操作，添加"翻转"转场效果。

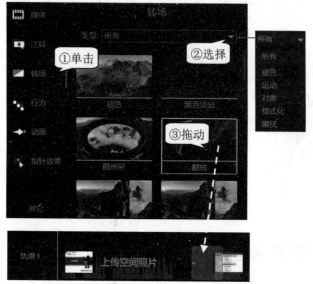

图 3-45　添加"翻转"转场效果

3. 继续添加转场效果　按图 3-46 所示操作，在后面 3 个场景之间添加"圈伸展"和"立方体旋转"转场效果。

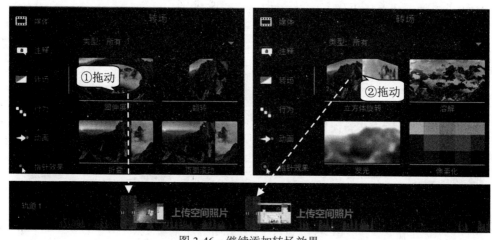

图 3-46　继续添加转场效果

4. 播放预览　转场效果设置好后，预览效果并保存。

 知识库

1. 添加"剪辑速度"效果

在编辑微课视频时，有时候存在一些冗长低效但是又不可以删除的内容，例如，在制作一些技能性的操作视频时，如果操作过程并非关键步骤，可以添加"剪辑速度"效果，以加速视频播放，从而让微课视频更加紧凑。按图 3-47 所示操作，可以给微课添加"剪辑速度"效果。

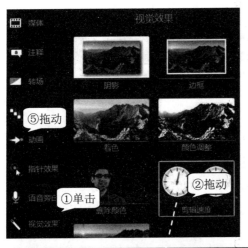

图 3-47　添加"剪辑速度"效果

2. 设置转场效果

● 快速添加相同转场效果：如果想在所有视频之间添加相同的转场效果，可按图 3-48 所示操作，框选轨道素材，然后把转场效果拖放到素材上，即可快速在所有视频之间添加相同的转场效果。

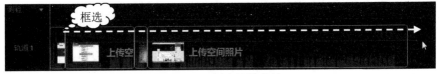

图 3-48　框选轨道素材

● 转场效果删除：如果想删除已经添加的转场效果，可以在视频转场上单击，直接按 Delete 键，或者右击转场，在弹出的菜单中选择"删除"命令。

● 转场效果替换：当对已添加的转场效果不满意时，把想用的转场拖放到以前的转场上，就可以替换原来的转场。

● 调整转场时长：如果感觉转场时间太快，可以通过延长转场效果时间来延长转场时间，如图 3-49 所示。

图 3-49   调整转场时长

3. 多画面同时转场

有的微课中不仅有视频，还有画中画、字幕、修饰边框等，在设置转场效果时，要同时为多个画面添加转场效果，否则会出现转场不同步的现象。特别是添加"立方体旋转"转场效果后，如果多个画面不同时添加效果，则会出现主要视频画面变成立方体转走了，字幕和其他画面没有发生相关变化的情况。这时需要对没有转场的字幕和画面进行同样的转场设置。

3.4.5   设置画中画效果

在微课制作后期，在主要视频上面加入一些操作视频或其他视频，对主要学习内容起到补充作用，更利于学习者对学习内容的理解。

设置画中画效果

实例 15   小学数学《轴对称图形》

本例内容是小学数学《轴对称图形》微课。本实例运用 Camtasia Studio 添加画中画，效果如图 3-50 所示。

图 3-50   微课《轴对称图形》画中画效果

根据前面所学知识，在 Camtasia Studio 软件中复制轨道上的微课视频片段，裁剪后调整大小，将其粘贴入新轨道，并调整至合适的位置，就实现了画中画效果。

跟我学

1. **打开项目**　运行 Camtasia Studio 软件，打开 "小学数学《轴对称图形》.tscproj" 项目文件。

2. **复制动画**　复制 1 分 23 秒到 2 分 33 秒的动画。

3. **剪裁视频**　把视频中动画以外的无用信息剪裁掉。

4. **设置画中画**　把剪裁好的视频移到微课开始处右上角，调整大小。

5. **复制视频**　复制刚才做好的画中画视频，在新轨道里粘贴，稍微向后推迟几秒，把它放到左上角，效果如图 3-50 所示。

3.4.6　设置 "屏幕绘制" 效果

利用微课进行讲解时，可以在特别重要的内容上添加横线、框架、高亮效果等，以起到重点强调的作用，让学习者加深记忆。

设置 "屏幕绘制" 效果

实例 16　初中信息技术《合唱评分巧计算》

本例内容是初中信息技术《合唱评分巧计算》微课。本实例运用 Camtasia Studio 软件设置 "屏幕绘制" 效果，效果如图 3-51 所示。

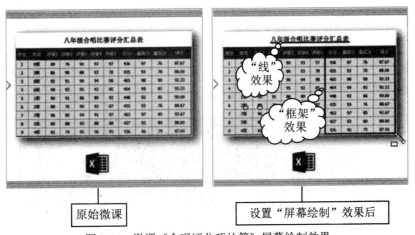

图 3-51　微课《合唱评分巧计算》屏幕绘制效果

使用 Camtasia Studio 软件的 "屏幕绘制" 工具，可以在录制屏幕的同时添加直线、椭圆、矩形框架、高亮效果等。本实例使用 "屏幕绘制" 工具为微课的重点内容添加了横线和框架。

跟我学

1. **设置"屏幕绘制"组合键** 在 Camtasia Studio 软件中,按图 3-52 所示操作,设置"屏幕绘制"工具的组合键为 Ctrl+Shift+D。

2. **录制视频** 打开"合唱评分巧计算.mp4"文件,按图 3-53 所示操作,调整录屏区域并开始录制。

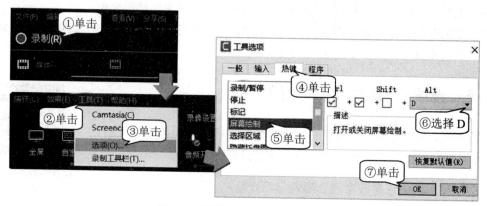

图 3-52　设置"屏幕绘制"组合键

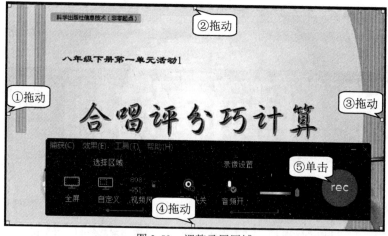

图 3-53　调整录屏区域

3. **打开"屏幕绘制"工具** 在录制播放中的视频时,按 Ctrl+Shift+D 键,"屏幕绘制"工具将出现在录制区域的下方,选择"屏幕绘制"的"线"工具或"框架"工具,如图 3-54 所示,在正在录制的屏幕上画线或添加框架。

4. **保存查看效果** 视频播放完后,按 F10 键停止录制,对录制的文件进行适当编辑,最后按 Ctrl+S 键,保存编辑好的文件,生成视频文件即可查看最终效果。

图 3-54 "屏幕绘制"工具

 知识库

1. "屏幕绘制"工具的使用方法

单击每个"屏幕绘制"工具右侧的下拉按钮，即可看到"工具""颜色""宽"三个选项，选择不同的选项后，"屏幕绘制"工具的界面就会出现对应颜色和样式的工具。工具样式包括"框架""高亮""椭圆""笔""线""箭头"六种。单击可以更换工具样式和颜色，按键盘上的 Esc 键，可退出当前工具。每种工具的样式和颜色所对应的快捷键，如图 3-55 所示。因为边录屏边在屏幕上绘制，效率不高，而使用快捷键能快速地转换工具样式和颜色，所以记住每种工具样式和颜色的快捷键很有必要。

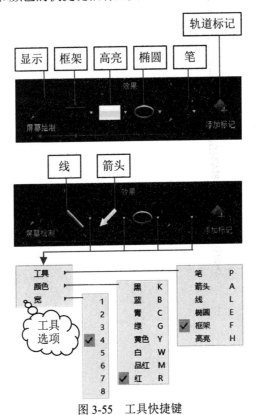

图 3-55 工具快捷键

2. 轨道标记

对于一些需要设置"屏幕绘制"效果的时间点，依靠观察和记忆，很不准确。利用屏幕绘制的轨道标记功能，可在进行屏幕绘制的过程中给轨道添加标记，依靠标记可快速找到对应的时间节点，从而更加高效地编辑微课。添加标记的轨道如图 3-56 所示。

图 3-56 轨道标记

第 4 章

添加微课交互

交互不仅体现在课堂上，也越来越融入学生的学习行为以及对学习过程的管理中，这种趋势源自信息技术的进步，同时也是学习者个性化、自主学习的必然需求。例如，通过添加目录导航使学习者先对微课的内容有一个整体的了解，之后学习者可以根据需要有针对性、快捷地选择微课中的某一片段进行学习；又如，在微课中添加测验，让学习者可以及时地通过测验来检测自己的学习效果，便于对后续的学习进行合理的安排。

本章内容

- 制作微课导航目录
- 制作微课测验试题

4.1 制作微课导航目录

给微课视频添加导航目录，不仅可以清晰地展示此微课视频的内容结构，更便于读者有选择、有针对性地观看视频里的某一片段或某一环节，有效提高学习效率。制作带有导航目录的微课，首先需理清微课的内容和结构，规划目录，再进行制作，最后选择合适的格式进行发布。

制作微课导航目录

4.1.1 规划导航目录

传统的微课视频是线性播放的，一般通过拖动播放进度条来定位内容。在 Camtasia Studio 中，可以为微课添加导航目录，播放视频时，在导航栏不同选项上单击，即可切换到相应位置播放视频内容。

1. 导航目录的内容

结构清晰的微课适合添加导航目录，例如，包含多个环节的微课，其内容层层递进；"总-分-总"结构的微课，其从多个方面阐述主题。理清微课的内容结构后，用简洁的文字概括每个片段的微课内容，将其作为导航目录的内容，如"新知讲解""巩固练习"等。

2. 导航目录的布局

对于导航目录的位置，可根据需要或使用习惯，放在视频画面的左侧或右侧，如图 4-1 所示。

导航目录在画面左侧
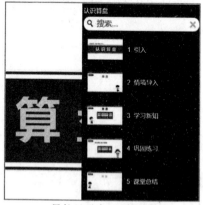
导航目录在画面右侧

图 4-1 导航目录的布局

3. 导航目录的样式

Camtasia Studio 中导航目录的样式有"带缩略图的文本""仅文本""仅缩略图"三种，如

图 4-2 所示。用户可从不同微课的内容特点、读者的不同需求等方面考虑，选择合适的样式。

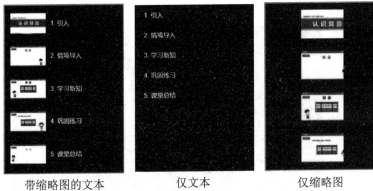

带缩略图的文本　　　　　　仅文本　　　　　　仅缩略图

图 4-2　导航目录的样式

4.1.2　制作导航目录

给微课视频添加导航目录，需在每条目录开始的时间点上给媒体添加标记，以便用户快速分割媒体，实现视频的跳转。

实例 1　小学数学《认识算盘》

本例内容是小学数学《认识算盘》微课，该微课简单介绍了算盘的历史由来和作用，详细讲授了算盘的结构和计数方法，讲解新知后通过练习题加以巩固。根据内容添加标记，如图 4-3 所示。

图 4-3　微课《认识算盘》添加标记效果图

利用 Camtasia Studio 创建导航目录需要在片段视频前添加标记并给标记命名，标记名称即为导航目录的内容。

 跟我学

1. **打开项目文件**　运行 Camtasia Studio 软件，选择"文件"→"打开项目"命令，打开"认识算盘.tscproj"项目文件。

2. **确定添加标记的位置**　按图 4-4 所示操作，拖动时间轴上的播放头，确定需要添加标记的位置。

图 4-4　确定添加标记的位置

3. **添加标记**　选择"修改"→"标记"→"添加时间轴标记"命令，按图 4-5 所示操作，添加标记名称为"情境导入"的时间轴标记。

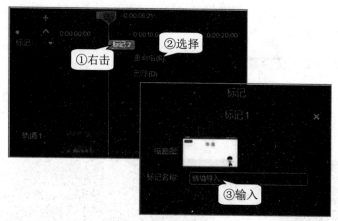

图 4-5　添加标记

　　Camtasia Studio 中的标记有"时间轴标记"和"媒体标记"两种,此处用的是"时间轴标记"。

4. **添加其他标记**　按照上述方法添加其他目录条所在时间点的标记,并根据目录内容给标记重命名。

5. **保存文件**　选择"文件"→"保存项目"命令,保存项目。

4.1.3　生成导航目录

　　在编辑完毕的微课视频中，在每一个需要有导航目录的节点上添加所需的标记并对标记进行准确的命名后，便可在导出微课视频时设置微课视频的导航目录。

实例 2　初中创客《陀螺发射器(齿轮加速)》

本例选择了初中创客类课程，该课程通过搭建陀螺发射器，使学生体验和了解齿轮加速的有关内容。微课从情境导入、规划分析、搭建探究等方面逐步进行讲解，条理清晰、层次分明。观察如图 4-6 所示的微课首页效果图，左侧是导航目录，播放视频时，在导航栏不同选项上单击，即可切换到相应位置进行播放。

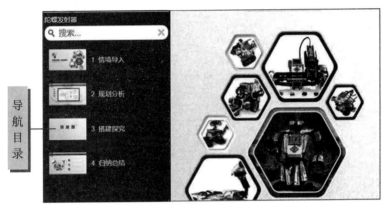

图 4-6　微课《陀螺发射器(齿轮加速)》导航目录效果图

带导航目录的视频文件只能发布成"MP4-Smart Player (HTML5)"格式，按照视频发布向导生成视频文件。

 跟我学

1. **打开项目文件**　运行 Camtasia Studio 软件，选择"文件"→"打开项目"命令，打开"陀螺发射器(齿轮加速).tscproj"项目文件。

2. **选择自定义生成设置**　按图 4-7 所示操作，选择"自定义生成设置"。

图 4-7　选择生成格式

3. **选择视频格式类型**　按图 4-8 所示操作，选择发布的视频格式类型为 "MP4-Smart Player (HTML5)"。

图 4-8　选择视频格式类型

4. **设置标记选项**　按图 4-9 所示操作，给默认的第一帧标记重命名，并将目录导航固定在视频画面的左侧，将样式设置为 "使用带缩略图的文本"。

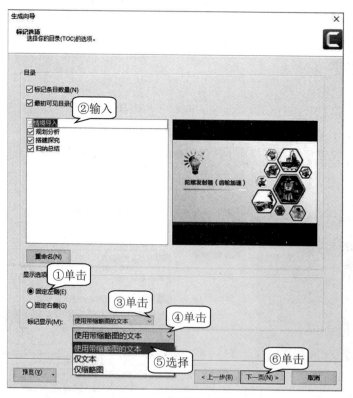

图 4-9　设置标记选项

5. **输出视频文件**　按图 4-10 所示操作，渲染项目，输出视频文件，将项目名称设置为"陀螺发射器(齿轮加速)"。

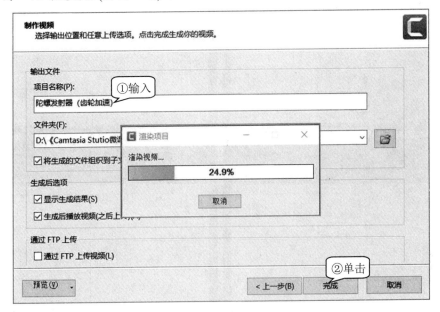

图 4-10　输出视频文件

4.2　制作微课测验试题

微课里的测验和学习者答题后的反馈都属于交互。测验是微课的重要组成部分，与视频配套，学习者在学习过程中可以通过观看视频—练习—再看视频—再练习的方式掌握知识点。制作测验，首先要进行题目设计，再进行制作，最后选择合适的格式进行发布。

4.2.1　设计测验题目

微课中的测验题需紧扣所学内容，并且要有一定的梯度，需要有考查一般识记知识点的题目，此类题目比较简单，属于了解层次内容；也需要有考查重难点的提升性题目；还需要有拓展性题目，用于开拓思维，培养学习者的创新意识和能力。

1. 测验练习的题型

在 Camtasia Studio 中，测验题型可以是多项选择题、判断题、填空题与简答题等，如图 4-11 所示。

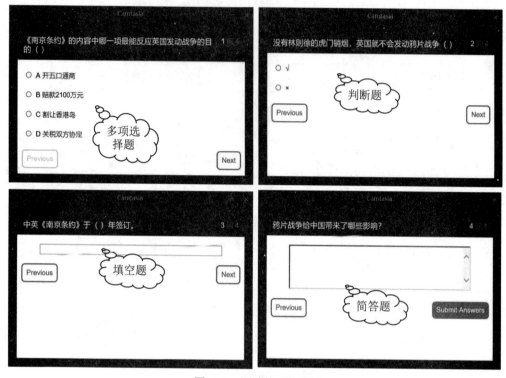

图 4-11　测验练习的题型

2. 测验练习的呈现方式

Camtasia Studio 软件在图片处理、表格处理等方面存在局限，因此测验练习的呈现方式有限。例如，带有化学方程式、复杂的数学公式、表格或图片的题目，在 Camtasia Studio 的测验功能中无法实现。遇到这种情况，我们可以通过在幻灯片中制作等方式进行弥补。

4.2.2　制作客观试题

采用哪种题型是由测验目的、内容、规模及各种题型的特点等方面决定的。当需要测验学习者对某些知识的理解和判断时，可采用客观性测验题。

制作客观试题

实例 3　初中物理《声音的产生》

本例内容是初中物理《声音的产生》微课中的测验题，该微课运用多种方法和常见材料来"制造声音"，使学习者体验声音的产生是由物体振动引起的，并通过观察、比较，能够将声音的产生与物体振动建立起联系。测验题目如图 4-12 所示。

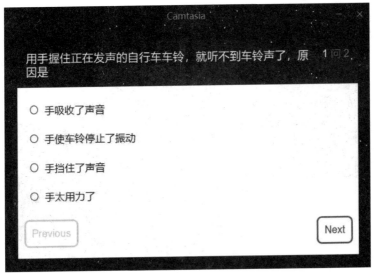

图 4-12　微课《声音的产生》测验题目

Camtasia Studio 的测验中提供了"多项选择题""填空题""判断题""简答题"4 种问题类型，用户可以根据情况自行选择。本案例采用了"多项选择题"与"判断题"类型。

 跟我学

1. **打开项目文件**　运行 Camtasia Studio 软件，选择"文件"→"打开项目"命令，打开"声音的产生.tscproj"项目文件。

2. **确定位置**　按图 4-13 所示操作，将水平滚动条拖到微课结束位置，在时间轴上单击，确定添加测验的位置。

图 4-13　确定添加测验的位置

3. **新建测验问题**　选择"修改"→"测验"→"添加时间轴测验"命令，新建测验问题。

4. **输入测验名称**　按图 4-14 所示操作，输入测验名称"声音的产生测验"。

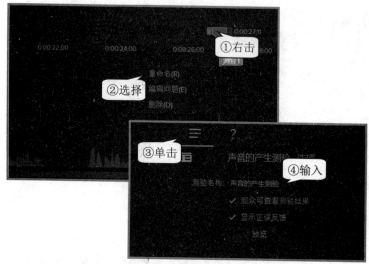

图 4-14　输入测验名称

5. **选择问题类型**　按图 4-15 所示操作，选择问题类型为"多项选择题"。

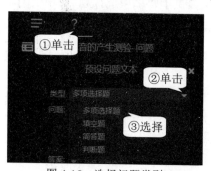

图 4-15　选择问题类型

6. **输入题干**　按图 4-16 所示操作，输入题干"用手握住正在发声的自行车车铃，就听不到车铃声了，原因是"。

图 4-16　输入题干

7. **输入选项** 按图 4-17 所示操作，在"答案"文本框里输入第一个选项"A.手吸收了声音"，并用同样的方法输入其他选项"B.手使车铃停止了振动""C.手挡住了声音""D.手太用力了"。

图 4-17 输入选项

在输入题干与选项时，可以直接输入，也可以采用"复制""粘贴"的方法快速地输入文本。

8. **选择正确答案** 按图 4-18 所示操作，选择正确答案"B.手使车铃停止了振动"。

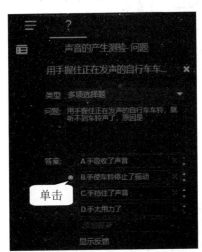

图 4-18 选择正确答案

此处类型虽为"多项选择题"，但只能选择一个正确答案，只需单击前面的按钮，即可更换选中项。

9. **设置反馈** 按图 4-19 所示操作，可对答题后的结果做出反馈，如果回答正确，则显示提示语"回答正确",并执行继续播放操作。

图 4-19　设置反馈

10. 预览测验效果　按图 4-20 所示操作，单击"预览测验外观"按钮，即可预览并测试测验的效果。

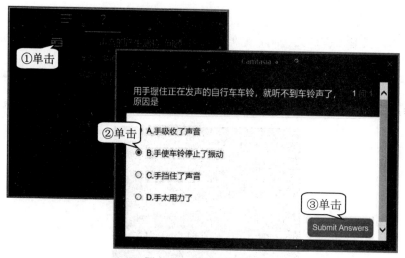

图 4-20　预览测验效果

11. 添加问题　按图 4-21 所示操作，添加问题，选择问题类型为"判断题"。

图 4-21　添加问题

12. **输入题干与选项**　按照上一题的方法输入题干与选项，完成判断题的制作。

13. **查看效果**　单击"预览测验外观"按钮，查看判断题的效果。

14. **保存文件**　选择"文件"→"保存项目"命令，保存项目。

4.2.3　制作主观试题

当需要考查学习者对事物间内在联系的逻辑阐述能力、分析问题和解决问题的能力时，可采用主观性测验题。在 Camtasia Studio 中可以制作填空题与简答题，制作方法与选择题和判断题一样，如果遇到带图的选择题或简答题，可以通过 PowerPoint 自定义动画中的触发器功能来实现。

实例 4　高中化学《原电池原理》

本例内容是高中化学《原电池原理》微课中的测验题，旨在通过微课让学生了解原电池是将化学能转化为电能的装置，掌握原电池的构造与工作原理，以及构成原电池的条件。在学习完微课后，需要对学生的学习情况进行检测，测验题目如图 4-22 所示。

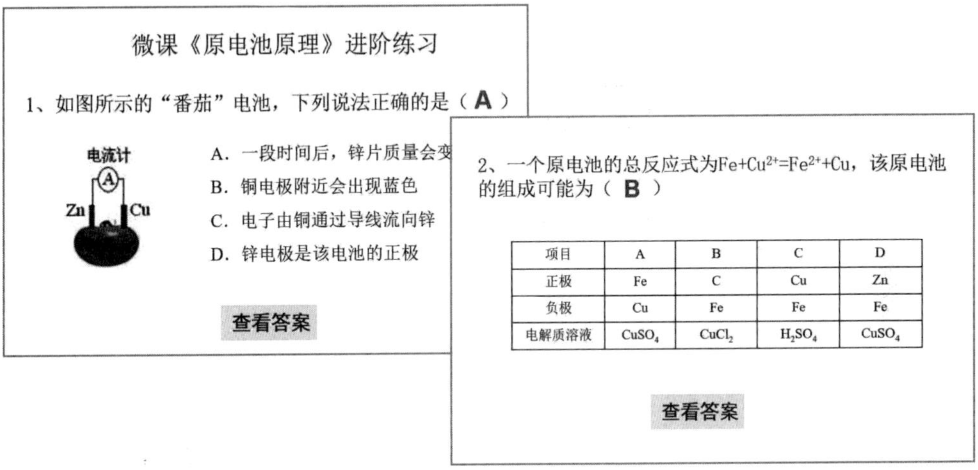

微课《原电池原理》进阶练习

1、如图所示的"番茄"电池，下列说法正确的是（ **A** ）

电流计

A. 一段时间后，锌片质量会变
B. 铜电极附近会出现蓝色
C. 电子由铜通过导线流向锌
D. 锌电极是该电池的正极

查看答案

2、一个原电池的总反应式为 $Fe+Cu^{2+}=Fe^{2+}+Cu$，该原电池的组成可能为（ **B** ）

项目	A	B	C	D
正极	Fe	C	Cu	Zn
负极	Cu	Fe	Fe	Fe
电解质溶液	$CuSO_4$	$CuCl_2$	H_2SO_4	$CuSO_4$

查看答案

图 4-22　微课《原电池原理》测验题目

使用 PowerPoint 自定义动画中的触发器，可以单击某个对象触发自定义动画的产生，单击"查看答案"按钮，答案"A"即会显示在题干部分的括号内。

 跟我学

1. **打开课件**　运行 PowerPoint 软件，打开课件"原电池原理进阶练习.pptx"。

2. **设置自定义动画**　按图 4-23 所示操作，设置文本框的出场方式为"进入-随机线条"效果。

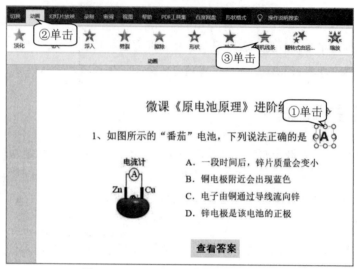

图 4-23　设置文本框的自定义动画效果

3. **设置触发器**　按图 4-24 所示操作，设置答案 "A" 的出场方式为单击 "查看答案" 按钮。

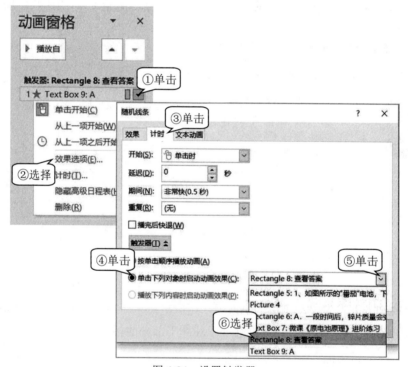

图 4-24　设置触发器

4. **录制进阶练习 1**　按图 4-25 所示操作，单击 "录制" 按钮，边讲解边录制微课《原电池原理》的进阶练习。

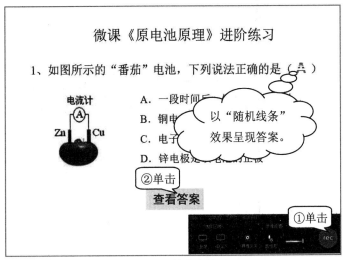

图 4-25　录制进阶练习 1

5. **录制进阶练习 2**　单击，切换到第 2 张幻灯片，按图 4-26 所示操作，边讲解边继续
录制练习 2。

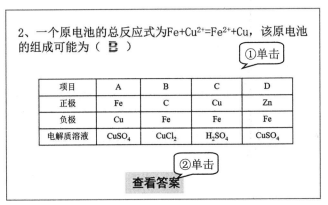

图 4-26　录制进阶练习 2

6. **保存录制文件**　讲解完毕，按 F10 键，停止录制，并保存录制好的视频文件。

4.2.4　发布微课测验

发布微课分为两种情况，如果微课中没有添加测验题，在视频编辑结束时选择高清格
式，导出即可；如果微课中添加了测验题，生成视频时会有一些特殊的要求，不按照要求
操作可能会使添加的测验失效。

实例 5　初中英语《happen 用法》

本例是八年级上册的一个知识点，因为 happen 一词的两种用法与中文的语言习惯既有
相同之处又有不同之处，学生在使用时容易混淆。本节微课借助两部电影中的台词对 happen

的用法进行了详细的讲解,通过对基本用法的总结归纳,更好地帮助学生学习和掌握 happen 的用法,测验题目如图 4-27 所示。

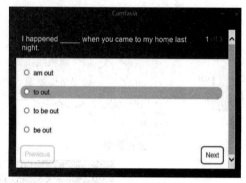

图 4-27　微课《happen 用法》测验题目

带测验的视频文件只能发布成"MP4-Smart Player (HTML5)"格式,按照视频发布向导生成视频文件。

 跟我学

1. **打开项目文件**　运行 Camtasia Studio 软件,选择"文件"→"打开项目"命令,打开"happen 用法.tscproj"项目文件。

2. **选择生成格式**　按图 4-28 所示操作,选择"自定义生成设置"。

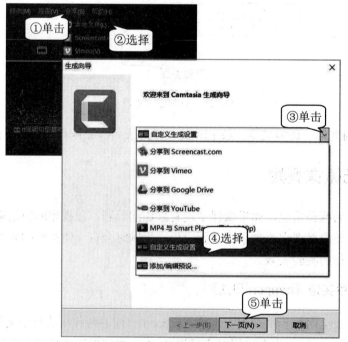

图 4-28　选择生成格式

3. **选择视频格式类型**　按图 4-29 所示操作，选择发布的视频格式类型为 "MP4-Smart Player (HTML5)"。

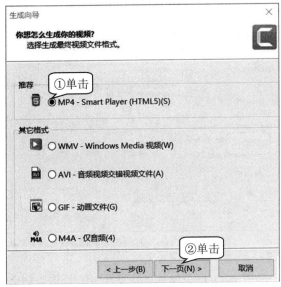

图 4-29　选择视频格式类型

4. **设置智能播放器选项**　按图 4-30 所示操作，设置智能播放器选项。

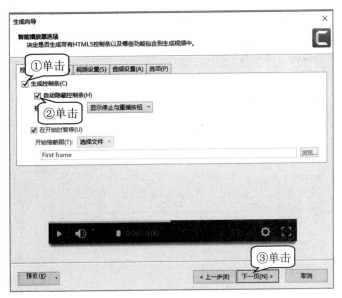

图 4-30　设置智能播放器选项

5. **设置测试结果接收邮箱**　按图 4-31 所示操作，输入收集测试结果的电子邮箱地址，并允许学生匿名参加测试。

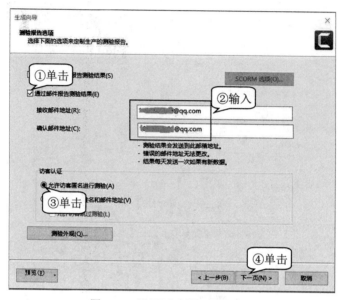

图 4-31 设置测试结果接收邮箱

6. **输出视频文件** 按图 4-32 所示操作，渲染项目，输出视频文件，将项目名称设置为"happen 用法"。

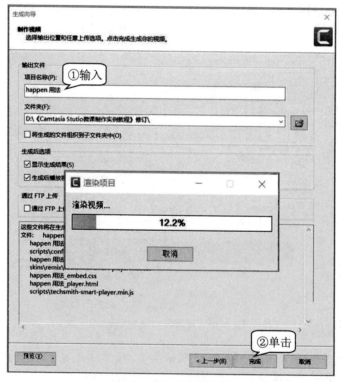

图 4-32 输出视频文件

第 5 章

制作录屏型微课

    微课的分类方式有很多，按制作方式分类，一般分为录屏类、拍摄类和混合类微课。录制屏幕型微课简称录屏型微课，它是通过录制计算机屏幕的显示过程与麦克风获取的声音来制作微课的。这类微课的制作相对比较简单，教师经过简单的培训就可以掌握其制作技巧，而且教师本人就可以独立完成。因此，此类微课是教师较常使用的微课。

    由于篇幅限制，部分微课仅介绍关键画面和步骤。

本章内容

- 规划录屏型微课
- 录制微课视频
- 编辑完善微课
- 发布分享微课

5.1 规划录屏型微课

在制作录屏型微课时，首先要规划设计，其次要了解录屏型微课的特点与制作原则，掌握录屏型微课的制作方法与制作过程，进行录制准备，最后再录制、编辑，生成微课。

规划录屏型微课

5.1.1 录屏型微课制作过程

制作录屏型微课一般要经过选定课题，撰写教案，准备素材，制作课件，撰写脚本进行拍录制准备，录制，后期编辑、处理，发布微课等过程。下面以高中地理微课《冷锋与暖锋的天气差异》为例介绍录屏型微课的制作过程，微课效果如图 5-1 所示。

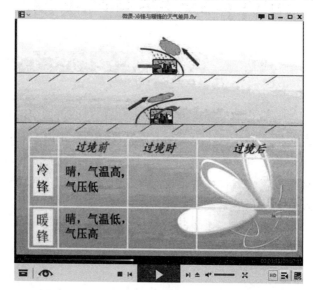

图 5-1　微课《冷锋与暖锋的天气差异》效果图

1. 选择微课课题

冷锋与暖锋是天气系统中的重点与难点，学生理解起来比较困难，必须通过教师讲解才能更好地掌握此部分内容。为了使此部分内容通俗易懂，在讲解时配以课件，可以让学生更好地区分并理解冷锋与暖锋的天气差异，帮助学生攻克锋面系统这一重难点，进而有助于学生更为深刻地认识锋面气旋等天气系统，加深对各种天气现象的分析能力。

2. 撰写教学设计

微课虽然时间短，但也需要进行科学规范的教学设计，教师应在较短的时间内，选用最恰当的教学方法和策略讲清、讲透知识点，确保微课能满足学习者的需求，微课《冷锋与暖锋的天气差异》教学设计如表 5-1 所示。

表 5-1　微课《冷锋与暖锋的天气差异》教学设计

【教学目标分析】	
1. 知识与技能 理解锋的概念与分类；从气温、气压、湿度、降水、风等方面分析冷锋与暖锋的形成及其特点，并总结在冷锋与暖锋天气系统控制下的天气状况 2. 过程与方法 通过与学生一起阅读和分析冷锋与暖锋形成示意图，解释天气变化现象，加深学生的理解，培养学生独立思考、分析问题的能力 3. 情感、态度与价值观 激发学生探究科学的兴趣和动机；培养学生唯物主义的认知观，培养求真、求实的科学态度	
【学习者分析】	
锋面系统是高中学生地理学习中的难点。高一学生通过前面两节的学习，对大气运动的形式、大气运动所引起的自然现象有所了解，储备了一定的基础知识。从心理特征和认知水平上看，他们对未知事物充满强烈的好奇心与求知欲望，能理解身边简单的地理现象，但缺乏演绎的思维。锋面等天气系统的这部分内容对抽象空间思维能力要求较高，增加了学生学习的难度	
【内容需求分析】	
锋面系统是影响我国的主要天气系统。我国降水和灾害性天气大多与锋面有关。冷锋、暖锋与天气的关系是本课教学难点，要攻克难点，教学中要抓住两个关键：一是冷暖气团哪个为主动；二是锋面两侧的温度、湿度、气压、风等差异明显，所以当锋面过境时，常伴有大风、雨雪等天气。学生明白了这两点就不难理解锋面所形成的天气。为解决难点，将冷锋和暖锋的气流运行方向、锋面形成过程及锋面过境前、过境时、过境后的天气等进行对比讲解，便于学生观察理解；用列表比较法来区分冷、暖锋的异同，不仅有助于理解与记忆地理知识，更有助于提高地理思维能力	
【教学媒体选择】　课件	
【教学过程】	
导入	回顾一下"锋的形成"，进而过渡到锋面的两种基本类型——冷锋与暖锋
【教学过程】	
讲解	冷锋，它是冷气团主动向暖气团方向移动的锋。通过动画演示讲解冷锋的运动状况及其带来的天气。 暖锋，是暖气团主动向冷气团方向移动的锋。通过动画演示讲解暖锋的运动状况及其带来的天气。 通过动画演示对比分析总结"冷锋与暖锋的天气差异"，从过境前、过境时、过境后分别对比
检测	能力提升：如何区分冷锋与暖锋？ (1) 冷锋、暖锋中的冷暖气团势力强弱不同，决定了锋面类型和锋面前进方向。 (2) 锋面坡度不同，锋面坡度即锋面与地面的夹角。 (3) 冷暖锋过境时和过境后的天气变化不同。 (4) 冷暖锋的雨区范围不同。 (5) 冷暖锋过境，产生了不同的降水特点。 (6) 锋面符号不同
小结	冷锋与暖锋的天气差异

3. 制作微课课件

课件是由文字、图形、图像、动画、视频等视觉元素构成的，元素之间不同的布局构成了不同的画面形式，微课的课件要主题突出，目标明确、醒目，让学习者第一时间就能注意到主题，并对其进行理解与识记。微课《冷锋与暖锋的天气差异》课件部分内容如图 5-2 所示。

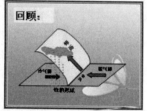
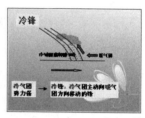

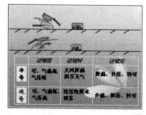
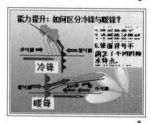

图 5-2 微课《冷锋与暖锋的天气差异》课件部分内容

4. 编写微课脚本

录屏型微课的脚本编写过程就是按照教学过程，用课件、教具等呈现教学内容，再根据内容确定讲解方法。编写脚本时，应根据教学内容的需要，按照教学内容的相互联系和教育对象的学习规律，合理地进行安排和组织，以便完善教学内容，本案例使用的是 PPT课件，微课脚本如表 5-2 所示。

表 5-2 微课《冷锋与暖锋的天气差异》脚本

录制时间：2022 年 5 月 6 日 微课时间：7 分钟左右

本微课名称	冷锋与暖锋的天气差异					
知识点描述	冷锋与暖锋均为锋面系统的两种基本类型，是常见的天气系统。冷暖气团的交界面叫锋面。由于冷空气密度大，暖空气密度小，一般冷暖气团相遇时，冷气团在锋面下，暖气团在锋面上。因为锋面两侧的温度、湿度、气压、风等都有明显的差别，所以在锋面附近常伴有云、雨、大风等天气。冷锋是冷气团主动向暖气团方向移动的锋。暖锋指暖气团主动向冷气团移动的锋。这两种锋面的差异导致它们具有不同的天气状况，影响生产、生活					
知识点来源	学科：地理 年级：高一 教材：普通高中课程标准实验教科书(人教版) 章节：必修 1 第二章第三节("常见天气系统") 页码：P41					
基础知识	听本微课之前需了解的知识：能理解大气的水平运动；了解锋的形成					
教学类型	☑讲授型 □问答型 ☑启发型 □讨论型 ☑演示型 □联系型 □实验型 □表演型 □自主学习型 □合作学习型 □探究学习型 □其他					

(续表)

适用对象	处在初次学习常见天气系统阶段的高一学生；处在复习常见天气系统阶段的高三学生；高中地理普通任课教师
设计思路	从回顾"锋的形成"入手了解锋面及相关概念及其具有的基本特征，从而引出锋面的两种基本类型，然后通过动画演示冷锋与暖锋的形成及运动状况，进而总结出它们过境前、过境时、过境后的天气差异。最后通过问题引发思考，教师再进行点拨、总结

教学过程

	内容	幻灯片	时间
导入	展示课题"冷锋与暖锋的天气差异"。 先回顾"锋的形成"，当冷暖气团在移动过程中相遇时，较轻的暖气团就会爬升至较重的冷气团的上方，这样它们之间就会出现一个倾斜的交界面，这就是"锋面"。较轻的暖气团在上，较重的冷气团在下，因此锋面始终是向冷气团一侧倾斜。锋面与地面之间相交的线，叫做"锋线"，一般把锋面与锋线统称为"锋"	第1、2张	1分18秒

教学过程

	内容	幻灯片	时间
正文讲解	冷锋是冷气团主动向暖气团方向移动的锋。此时冷气团势力强，较重的冷气团推动较轻的暖气团向前运动，冷气团密度较大，而暖气团密度较小，冷气团主动推动暖气团就会很轻松，所以冷锋移动速度较快，常常带来较强的风	第3张	46秒
	暖锋是暖气团主动向冷气团方向移动的锋。此时暖气团势力强，较轻的暖气团推动较重的冷气团向前运动，由于暖气团密度小，冷气团密度大，暖气团推动冷气团就会比较困难，在近地面受冷气团的阻碍作用更加明显，而其上方推动起来相对容易，于是使得锋面更加倾斜，锋面坡度减小	第4张	1分1秒
	对比冷锋与暖锋的天气差异。冷锋过境前，受单一暖气团控制，大气比较稳定，天气晴朗，气温较高，气压较低；暖锋过境前，受单一冷气团的控制，大气也比较稳定，天气晴朗，气温较低，气压较高。冷锋过境时，较重的冷气团推动较轻的暖气团，移动速度快，出现大风、降温等现象，暖气团被迫较为快速地抬升，往往带来短时间、强度较大的雨雪天气；暖锋过境时，较轻的暖气团推动较重的冷气团，移动速度慢，往往带来连续性降水或雾，降水强度一般较小。冷锋过境后，冷气团取代了原来暖气团的位置，气温降低，气压升高，天气转晴；暖锋过境后，暖气团取代了原来冷气团的位置，气温升高，气压降低，天气转晴	第5张	1分7秒
	提问：通过刚刚的讲解。同学们现在能够区分冷锋与暖锋了吗？ 能力提升：如何区分冷锋与暖锋？ (1) 冷锋、暖锋中的冷暖气团势力强弱不同，决定了锋面类型和锋面前进方向。 (2) 锋面坡度不同。锋面坡度即锋面与地面的夹角。锋面与地面夹角大，表示锋面坡度大，一般为冷锋。锋面与地面夹角小，表示锋面坡度小，为暖锋。		

(续表)

正文 讲解	(3) 冷暖锋过境时和过境后的天气变化不同。冷锋过境时，常出现刮风、阴天、降水、降温等天气现象。暖锋过境时，常出现阴天、降雨等天气现象。 (4) 冷暖锋的雨区范围不同。冷锋降水集中在锋后或附近，雨区范围较窄。暖锋降水全在锋前，雨区范围较宽。 (5) 冷暖锋过境，产生了不同的降水特点。冷锋移动速度快，降水强度大而历时短。暖锋移动慢，降水强度小而历时较长，多连续性降水。 (6) 锋面符号不同	第 6 张	2 分 56 秒
小结	冷锋与暖锋的天气差异。同学们，你们学会了吗	第 7 张	4 秒

5. 录制微课过程

考虑本节微课需要讲解的内容较多，录制时一气呵成对教师要求较高，因此在录制时，教师可以根据教学内容录成多个视频，此处选用的录屏软件是 Camtasia Studio。

6. 编辑微课视频

录制完微课后，在 Camtasia Studio 软件中，首先要对录制的视频片段进行编辑，例如，添加片头、片尾，剪辑不需要的视频，添加背景音乐，消除杂音，添加字幕、标注，等等。最后按要求发布视频。

5.1.2 录屏型微课录制注意事项

制作录屏型微课最常用的方法是使用录屏软件配以课件进行讲解录制，在整个过程中有很多地方需要注意，如录制前的环境选择、课件的制作、微课脚本的设计、录屏软件的设置、后期视频的处理等。

1. 录制前的准备工作

在录制微课前，需要做好一系列的准备工作，如选择录制环境、设计微课课件、细化微课脚本等。

(1) 选择录制环境。

在录制微课时，特别是当需要录制大量讲解内容时，选择一个相对安静且不受打扰的环境非常重要，可以利用中午或晚上的时间进行录制。

(2) 设计微课课件。

在录屏型微课中，课件非常重要，使用教学课件能充分创造出一个有声有色、生动逼真的教学环境，同时，可以为教师的讲解提供形象的表达工具，能有效地突破教学重点与难点，激发学生的学习兴趣。

- 课件界面：风格统一、界面美观、重点突出。二年级数学(人教版)下册《对称》微课界面，如图 5-3 所示。该微课使用了统一的模板，使幻灯片上的内容一目了然。

图 5-3　风格统一的课件

● 课件功能：为了方便讲解，最好将讲解时用到的视频、动画等都插入课件，这样在讲解时就不需要在各类软件之间进行切换，使讲解更流畅，插入动画或视频的课件如图 5-4 所示。

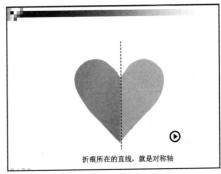

图 5-4　插入动画或视频的课件

(3) 细化微课脚本。

在进行微课录制时，虽然已准备了微课脚本，但很多时候，录制者需要一边操作一边解说，对于熟悉的内容也有可能出现"忘词"的情况，不得不重新开始录制。为避免这种情况的发生，可以在已有微课脚本的基础上，将导入语、过渡语等一并写上，如图 5-5 所示。只有这样才能真正做到有备无患，减少录课时的错误和反复次数，提高录课效率。

微课《加密压缩文件》录制脚本

同学们在学生机上存储的作业或个人文件经常会被其他同学修改，这给我们带来了很多苦恼。那么，在电脑中存储的文件如果不想让别人浏览或修改，我们一般会对该文件进行加密压缩，来确保文件的安全性。　　　　　　——导入语

这节课，我们就来学习如何将文件进行加密压缩。　——过渡语

加密压缩文件一般可分为五步：一选定文件或文件夹；二添加到压缩文件；三命名压缩文件；四设置密码；五完成压缩。

下面，我们一起来学习。　　　　　　　——过渡语

第一步，要选定需要加密压缩的文件或文件夹。

第二步，右击文件夹，在快捷菜单中选择"添加到压缩文件"命令，打开"压缩文件名和参数"对话框。

第三步，命名压缩文件。可根据需要在"压缩文件名"中修改文件名。这里，我们把文件名修改成"我的日记"。注意，在修改文件名时，不要修改或删除文件的扩展名。如果不需要做其他设置，可以直接进入下一步。

第四步，选择"高级"选项中的"设置密码"，然后添加密码。

最后，单击"确定"按钮，再次单击"确定"按钮，完成压缩。

图 5-5　微课《加密压缩文件》录制脚本

(4) 调试录制设备。

Camtasia Studio 是用来完成录屏型微课录制的常用软件，但如想录制效果较好的微课，在录制前需要对设备进行调试。

- 录音设备：很多老师用笔记本电脑录制微课，当用笔记本电脑录制微课时，可以为笔记本电脑配上话筒，从而提高录制的音响效果。
- 光标设置：为了让学生在观看微课时集中注意力，可以在讲解时移动鼠标，同时将鼠标设置成高亮状态，使其突出显示。
- 隐藏任务栏：在录制微课前，应该关闭任务栏中的其他任务，或者将任务栏隐藏起来，这样可以避免扰乱学习者的思维，起到简化视频画面的作用。

2. 录制时的技巧

一节微课长则十分钟，短则四五分钟，在这五到十分钟的时间里，要求录制者不出一点错误，很难实现。掌握一些录制技巧(如分段录制、多用快捷键等)，不仅可以使录制过程更顺畅，而且能降低录制过程中出错的次数。

(1) 分段录制。

在录制微课时，要想一气呵成地完成大段视频的录制而不出错是很难做到的，通过分段录制的方式就能够将录制的难度降到最低。对于时间较长、需要展示较为复杂的操作过程或讲解内容较多的微课，分段录制是提高录制效率的一个好办法。

(2) 多用快捷键。

在很多软件中，使用快捷键能够提高操作速度，在播放课件或录制微课时，也可以借助快捷键，从容地录制微课。例如，在 PowerPoint 中按 F5 键可以播放幻灯片，在讲解时，按 Ctrl+P 键或通过左下角的工具栏，可以调出 PowerPoint 中的画笔工具；在 Camtasia Studio 软件中，按 Ctrl+R 键开始录制，按 F10 键停止录制。

3. 录制后的编辑发布

录制完成后，需要对视频进行编辑处理，才能制作出符合要求的微课，例如，选择合适的片头、片尾，对录制的视频进行裁剪，添加字幕与标注，制作进阶练习，发布视频，等等。这一系列操作需要花费大量的时间，但掌握一些技巧后，可以事半功倍。

(1) 使用库中的片头、片尾。

Camtasia Studio 软件的"库"中提供了很多现成的片头、片尾视频模板，使用非常方便。

(2) 批量导入字幕。

Camtasia Studio 软件提供了多种添加字幕的方法，可以直接输入，也可以导入"srt"等格式的字幕。

5.2　录制微课视频

　　微课时长一般在 5～10 分钟，要求老师一气呵成地完成录制压力很大。这时可以采取分段录制的方法，如分别录制片头部分、导入部分、讲解部分、练习部分、小结部分等。录制不同部分，根据需求，选择的录制技巧也各有千秋。

5.2.1　录制片头部分

　　微课片头应包括教材的版本、年级、学科、微课的名称，以及授课教师单位与姓名等信息。一个生动活泼的微课片头可以让学生耳目一新，激发学生的学习兴趣。片头部分可以使用通过 Photoshop 设计的图片，或者使用通过 PowerPoint 制作的幻灯片。

实例 1　小学美术《色彩的对比》

　　本例内容是小学美术《色彩的对比》微课。该微课可以使学生感受色彩对比中强烈对比和柔和对比的概念，并能对其中一种对比形式进行运用。微课片头效果如图 5-6 所示。

录制片头部分 1

图 5-6　微课《色彩的对比》片头效果

　　使用 Camtasia Studio 提供的库内视频，可以制作动感十足的微课片头，在选择片头时，要与微课的内容相符。

 跟我学

1. **运行软件**　双击桌面上的快捷图标，运行 Camtasia Studio 软件。
2. **选择片头视频**　按图 5-7 所示操作，将"库"面板中的视频拖放到轨道 1 上。

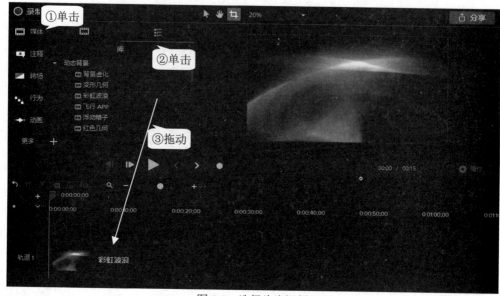

图 5-7　选择片头视频

3. **设置片头时长** 按图 5-8 所示操作，将片头时长设置为 20 秒，播放并查看效果。

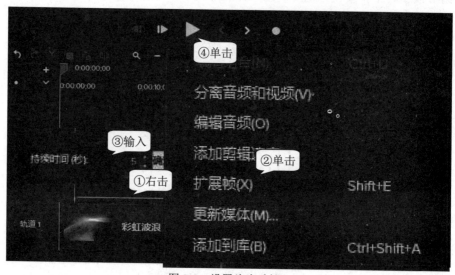

图 5-8　设置片头时长

4. **输入微课名称文本** 按图 5-9 所示操作，输入微课名称为"色彩的对比"，并设置文字格式。

5. **输入其他文本** 按照上述方法，输入教材版本为"人教版五年级美术"，输入授课教师信息为"方舟小学 张晓微"，并设置格式。

6. **预览片头效果** 单击"播放"按钮▶，查看片头效果。

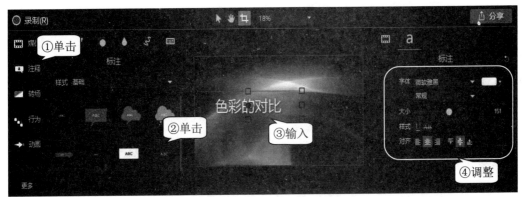

图 5-9　输入微课名称文本

7. **保存项目文件**　选择 "文件" → "保存项目" 命令, 将文件以 "片头.camproj" 为名
进行保存。

实例 2　小学语文《风筝》

本例内容是小学语文《风筝》微课的片头, 飞舞的风筝的动画片头
激发了小学生的学习兴趣。微课片头效果如图 5-10 所示。

录制片头部分 2

图 5-10　微课《风筝》片头效果图

使用 PowerPoint 软件自定义动画中的动作路径功能, 可绘制出风筝飞行的轨迹, 再将飞
行速度设置成慢速播放, 即可模仿风筝飞行的效果。

 跟我学

1. **打开课件**　运行 PowerPoint 软件, 打开课件 "风筝.pptx", 选中第一张幻灯片。

2. **选择动作路径**　按图 5-11 所示操作, 设置对象 "风筝" 的自定义动画效果为 "动作
路径" 中的 "自由曲线"。

3. **绘制并设置动作路径**　按图 5-12 所示操作, 绘制风筝的飞行路径, 并设置播放速度
为 "非常慢"。

图 5-11　选择动作路径

图 5-12　绘制并设置动作路径

4. **录制微课片头**　按图 5-13 所示操作，单击"录制"按钮，录制片头。

图 5-13　录制微课片头

5. **保存微课片头** 录制完毕，按 F10 键，停止录制，以"风筝片头.tscproj"为名保存片头，并运行录屏软件，查看片头录制情况。

5.2.2 录制导入部分

微课有复习导入、问题导入、实验导入、情境导入、游戏导入、矛盾冲突导入等导入方式。由于微课时间短少，在设计微课的导入部分时，要注意切入课题的方法和途径。力求课题新颖、切入迅速，而且要与题目紧密关联，以便把更多的时间用来进行内容讲授。

录制导入部分

实例 3 高中化学《焰色反应》

本例内容是高中化学《焰色反应》微课，该微课使用学生生活中常见的烟花作为导入微课的素材，能很好地激发学生的学习兴趣。微课效果如图 5-14 所示。

图 5-14 微课《焰色反应》效果图

获取"烟花"视频的方法有很多，可以使用手机拍摄，也可以在视频中截取。这里使用的"烟花"视频是在网上搜索获得的，无须下载，只要打开查找到的高清视频文件，录制 10 秒即可。

 跟我学

1. **打开搜索引擎** 在浏览器的地址栏中输入网址 https://v.baidu.com/v，打开百度视频搜索引擎，在搜索栏中输入"烟花"，搜索"烟花"视频。
2. **运行软件** 单击任务栏上的"开始"按钮，选择"所有程序"→Camtasia Studio 命令，运行录屏软件。
3. **录制视频** 单击录制按钮 ⬤ 录制(R)，按图 5-15 所示操作，自定义录制窗口的大小，录制网络上的视频。
4. **保存项目** 选择"文件"→"保存项目"命令，以"烟火.tscproj"为名保存文件。

图 5-15　录制网络上播放的视频

5.2.3　录制讲解部分

因时间限制，在对内容进行设计和讲解时，要做到精准控制，要将设计的精华部分展示出来。尽量做到准确、清晰地传达知识，深入浅出、形象生动地讲解重难点，达到让学生掌握该知识点的目的。

录制讲解部分

实例4　小学语文《学习部首查字法》

本例内容是小学二年级语文《学习部首查字法》微课，教师通过边讲解边演示的方式，让学生掌握使用部首查字法查汉字方法。微课效果如图5-16所示。

图 5-16　微课《学习部首查字法》效果图

小学二年级的学生需要观察实际的字典，才能更好地理解部首查字法，这就需要教师在课件上准备字典的图片，并配以醒目的画笔标注，让学生更直观地学习部首查字法。

跟我学

1. **打开课件** 运行 PowerPoint 软件，打开"学习部首查字法.pptx"文件，选中第 3 张幻灯片。

2. **设置录制工具栏** 运行 Camtasia Studio 软件，按图 5-17 所示操作，设置录制工具栏。

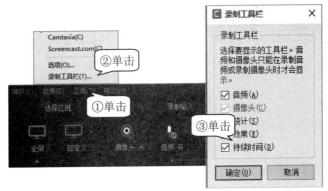

图 5-17 设置录制工具栏

3. **设置录屏区域** 按图 5-18 所示操作，设置录屏区域。

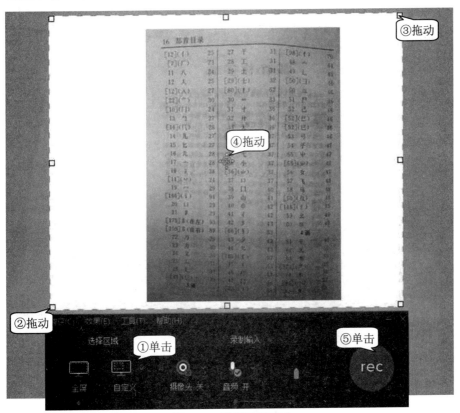

图 5-18 设置录屏区域

4. **设置屏幕绘制工具** 按图 5-19 所示操作,选择屏幕绘制的工具为"画笔"。

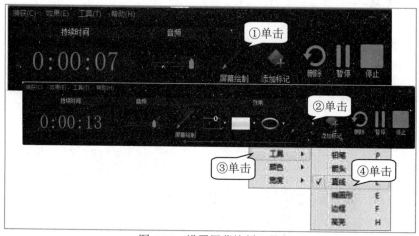

图 5-19 设置屏幕绘制工具

5. **选择画笔颜色** 按照上述方法,选择画笔工具的颜色为"红色"。

 在使用 PPT 课件和录屏软件制作微课时,播放课件,通过选择左下角的指针选项,可以使用不同类型的笔与笔迹颜色,以便在讲解时标注重点部分。

6. **进行屏幕绘制** 按图 5-20 所示操作,使用屏幕绘制功能标注出"度"字的偏旁部首。

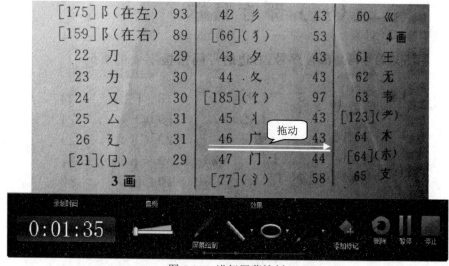

图 5-20 进行屏幕绘制

7. **进行其他屏幕绘制** 用上面同样的方法,完成其他讲解部分关键点的标注。

8. **预览保存文件** 预览视频文件,并保存。

5.2.4　录制练习部分

进阶练习是微课的重要组成部分，与视频配套，学习者在学习过程中可以通过观看视频——练习——再看视频——再练习的方式掌握知识点。制作进阶练习，首先要进行练习设计，再进行制作，最后选择合适的格式进行发布。采用哪种题型是由测验目的、内容、规模及各种题型的特点等方面决定的。当需要测验学生对某些知识的理解和判断时，可采用客观性测验题。

实例 5　小学数学《认识质量单位》

本例内容是小学数学《认识质量单位》微课中的测验题，当小学生对质量单位有了基本的认识后，教师可以结合生活中的实例，考查学生对质量单位的认知。测验题目如图 5-21 所示。

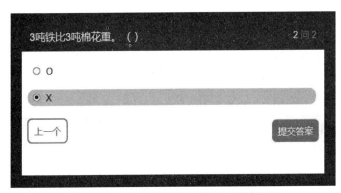

图 5-21　微课《认识质量单位》测验题目

Camtasia Studio 的测验中提供了"多项选择题""填空题""简答题""判断题" 4 种问题类型，用户可以根据情况自行选择。本案例中采用了"多项选择题"与"判断题"类型。

 跟我学

1. **新建项目文件**　运行 Camtasia Studio 软件，选择"文件"→"新建项目"命令，导入"认识质量单位.mp4"视频文件。

2. **确定位置**　将水平滚动条拖到微课结束位置，在时间轴上单击，确定添加测验的位置。

3. **新建测验问题**　选择"修改"→"测验"→"添加时间轴测验"命令，新建测验问题。按图 5-22 所示操作，输入测验名称"认识质量单位测验"。

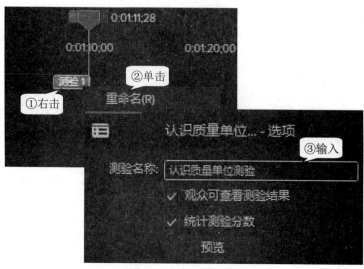

图 5-22　输入测验名称

4. **选择问题类型**　按图 5-23 所示操作，选择问题类型为"多项选择题"。

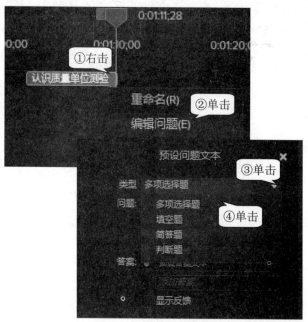

图 5-23　选择问题类型

5. **输入题干**　按图 5-24 所示操作，输入题干"下列选项中哪一组的质量最接近 1 吨？（　　）"。

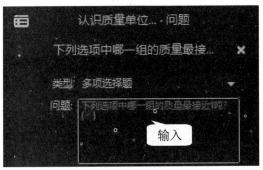

图 5-24　输入题干

6. **输入选项**　按图 5-25 所示操作，在"答案"文本框里输入第一个选项"A.100 瓶矿泉水"，并用同样的方法输入其他选项"B.1000 枚 1 元的硬币""C.40 名三年级学生的体重"。

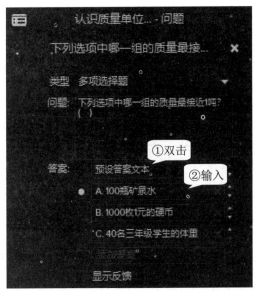

图 5-25　输入选项

　　在输入题干与选项时，可以直接输入，也可以采用"复制""粘贴"的方法快速地输入文本。

7. **选择正确答案**　按图 5-26 所示操作，选择正确答案"C.40 名三年级学生的体重"。

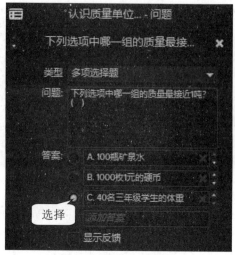

图 5-26 选择正确答案

此处虽为"多项选择题",但只能选择一个正确答案,只需单击前面的按钮,即可更换选中项。

8. 预览测验效果 按图 5-27 所示操作,单击"预览测验外观"按钮,即可预览并测试测验的效果。

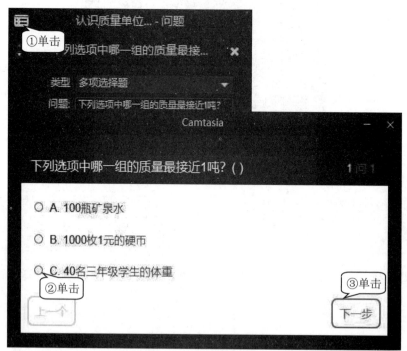

图 5-27 预览测验效果

9. **添加问题**　按图 5-28 所示操作，添加问题，选择问题类型为"判断题"。

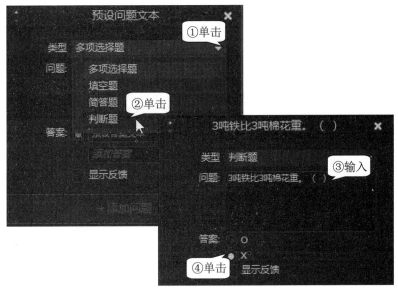

图 5-28　添加问题

10. **输入题干与选项**　按照上一题的方法输入题干与选项，完成判断题的制作。

11. **查看效果**　单击"预览测验外观"按钮，查看判断题的效果。

12. **保存文件**　选择"文件"→"保存项目"命令，保存项目。

5.2.5　录制小结部分

小结是微课必不可少的环节，是教师在讲授结束时对所教内容进行的回顾、整理、归纳和深化。它既是对教学内容的再现，又是对教学内容的高度提炼、精要概括和系统整理，能对整个微课起到"画龙点睛"的作用。

实例 6　初中信息技术《计算机系统组成》

本例内容是初中信息技术《计算机系统组成》微课，通过教师的展示、讲解，学生了解了计算机系统包括硬件系统与软件系统。在小结部分通过图例的方式展示，概括知识要点，帮助学习者整理思路，强调重点和难点。用户可以使用一句话直接对微课进行小结，也可以使用图表的方式进行小结。该微课小节部分如图 5-29 所示。

使用 PowerPoint 软件自定义动画功能，可以将讲解内容分批展示，便于学生在小结的过程中再次回顾本节内容。

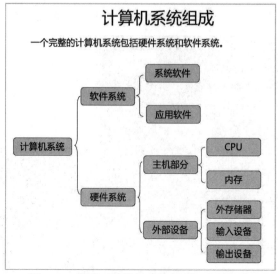

图 5-29　微课《计算机系统组成》小结部分

 跟我学

1. **打开课件**　运行 PowerPoint 软件，打开课件"计算机系统组成.pptx"文件。

2. **设置图形出场方式**　按图 5-30 所示操作，设置自选图形的出场方式。

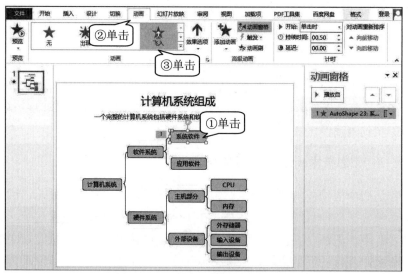

图 5-30　设置自选图形的出场方式

3. **打开工具栏**　选择"加载项"→"工具栏"→Camtasia Studio 命令，打开 Camtasia Studio 工具栏。

4. **录制小结部分**　按图 5-31 所示操作，边播放幻灯片，边录制小结部分。

图 5-31　录制小结部分

5. **预览并保存文件**　按 Esc 键停止视频录制，选择"文件"→"保存项目"命令，保存项目，并单击视频预览区的"播放"按钮▶，观看效果。

5.3　编辑完善微课

在录制完视频后，可以对视频片段进行剪辑操作，如添加画中画、转场效果、旁白等，当然也可以导入现有视频进行编辑操作，如对录制好的视频进行裁剪处理，添加标注、字幕，设置视频变焦等，使演示过程更清晰。

5.3.1　编辑微课视频

对录制好的微课视频进行裁剪、合并、调整视频顺序等操作，可以使微课的表达效果更好。

实例 7　幼儿园《手工折纸》

本例内容是幼儿园《手工折纸》微课，教师通过边讲解边演示的方式，教授学生折"狮子"的方法。微课效果如图 5-32 所示。

图 5-32　微课《手工折纸》效果图

该微课是使用手机拍摄的，在拍摄时出现了折错的情况，需要将出错的视频剪掉(出错的地方在 2 分零 9 秒)。

跟我学

1. **新建项目文件**　运行 Camtasia Studio 软件，选择"文件"→"新建项目"命令，新建项目。

2. **导入视频文件**　单击"导入媒体"，导入"折纸'狮子'.mp4"视频文件。

3. **添加视频文件**　按图 5-33 所示操作，将视频文件添加到时间轴上。

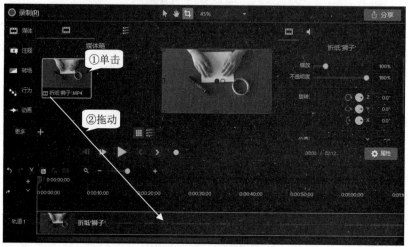

图 5-33　添加视频文件

4. **裁剪视频**　按图 5-34 所示操作，裁剪掉折叠时出错的部分。

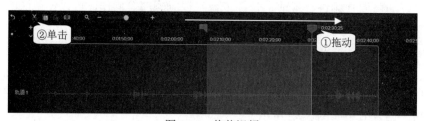

图 5-34　裁剪视频

5. **预览并保存项目**　选择"文件"→"保存项目"命令，保存项目，并单击视频预览区的"播放"按钮▶，观看效果。

5.3.2　添加微课标注

当视频画面上内容较多，学生分辨困难时，可以适当地给视频添加标注，也就是给视频添加注释，以此让视频看起来更清晰、更易懂。

添加微课标注

实例 8　初中物理《用电压表和电流表测量小灯泡的电阻》

伏安法测电阻是初中升学理化实验加试中的一个重要实验，老师通过边讲解边演示的方式，让学生掌握测量小灯泡电阻的方法。在做实验前，老师会介绍各类实验器材，使同学们更清晰地了解器材的名称与作用。实验器材有滑动变阻器、电流表、电压表、开关、电池、小灯泡、灯座、导线等。微课效果如图 5-35 所示。

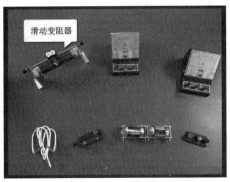

图 5-35　微课《用电压表和电流表测量小灯泡的电阻》效果图

使用 Camtasia Studio 软件中的标注功能，可以很方便地为视频或图片添加各种类型的标注，以此让视频更便于理解。

跟我学

1. **新建项目文件**　运行 Camtasia Studio 软件，选择"文件"→"新建项目"命令，新建项目。

2. **导入视频**　按图 5-36 所示操作，导入文件"用电压表和电流表测量小灯泡的电阻.wmv"。

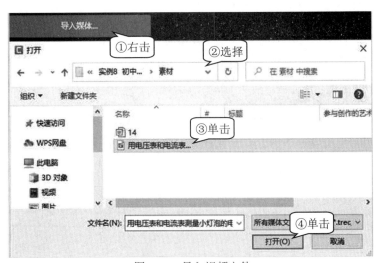

图 5-36　导入视频文件

3. **选择标注类型** 按图 5-37 所示操作，确定需要添加标注的位置，选择标注类型。

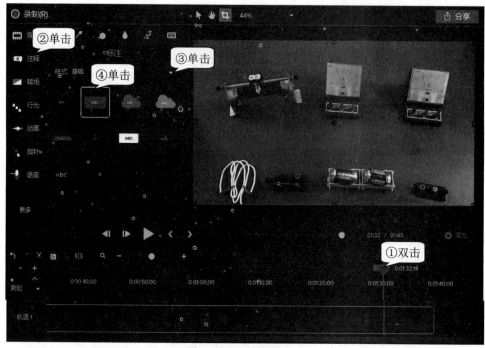

图 5-37　选择标注类型

4. **修改标注大小** 按图 5-38 所示操作，修改标注位置，并修改标注的大小。

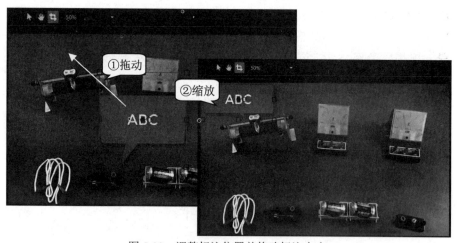

图 5-38　调整标注位置并修改标注大小

5. **设置标注填充颜色** 按图 5-39 所示操作，设置标注以"白底黑字"的样式显示，即将填充颜色设置为"白色"，将文本颜色设置为"黑色"。

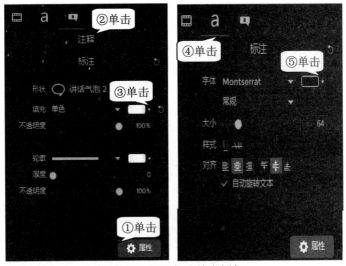

图 5-39　设置标注填充颜色

6. **输入文本**　按图 5-40 所示操作，输入文本"滑动变阻器"，并设置大小为"44 磅"。

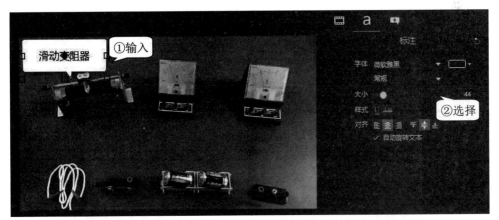

图 5-40　输入文本

7. **添加其他标注**　按照上述方法，在合适的时间与位置添加标注"安培表""伏特表"
"导线""电键""电池组成""小灯泡"。

8. **预览效果**　单击视频预览区的"播放"按钮 ▶，观看添加标注的效果。

9. **保存文件**　选择"文件"→"保存项目"命令，保存项目。

5.3.3　添加微课字幕

在 Camtasia Studio 中可以逐句添加字幕，也可以批量导入字幕，利
用同步字幕功能，可以使字幕与音频同步。

添加微课字幕

实例 9　初中语文《望岳》

本例内容是初中语文《望岳》微课，该微课片段使用的是泰山实景视频，为视频添加同步字幕，更方便学生理解古诗内容。微课效果如图 5-41 所示。

图 5-41　微课《望岳》效果图

添加字幕的方式有很多，本案例使用了"复制""粘贴"的方法，将文本文件中的古诗文本"粘贴"到了视频的相应位置。

 跟我学

1. **打开项目文件**　运行 Camtasia Studio 软件，打开项目文件"望岳.tscproj"。
2. **确定添加文本位置**　按图 5-42 所示操作，确定添加第一句古诗文本的位置。

图 5-42　确定添加文本位置

3. **粘贴文本**　打开文本文件"望岳.txt"，复制第一行文本"岱宗夫如何，齐鲁青未了。"，按图 5-43 所示操作，将其粘贴到视频第 3 秒处。

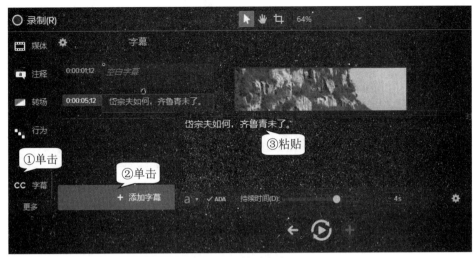

图 5-43　粘贴文本

4. **设置文本格式**　按图 5-44 所示操作，将文本的格式设置为"12 磅""白色背景"。

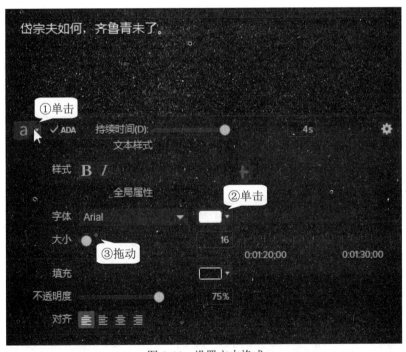

图 5-44　设置文本格式

5. **设置字幕播放时间**　按图 5-45 所示操作，设置播放的时间为"10 秒"。

6. **添加其他字幕**　按照上述方法，分别在第 15 秒处添加字幕"造化钟神秀，阴阳割昏晓。"；在第 25 秒处添加字幕"荡胸生层云，决眦入归鸟。"；在第 35 秒处添加字幕"会当凌绝顶，一览众山小。"。

图 5-45　设置字幕播放时间

7. 查看添加字幕效果　单击视频预览区的"播放"按钮▶，查看添加字幕的效果。

8. 保存文件　选择"文件"→"保存项目"命令，保存项目。

5.4　发布分享微课

发布微课分为两种情况，如果微课中没有添加测验题，在视频编辑结束时选择高清格式，导出即可；如果微课中添加了测验题，生成视频时会有一些特殊的要求，不按照要求操作可能会使添加的测验失效。

发布分享微课

实例 10　高中英语《It 强调句型基本用法》

此节微课以"It 强调句型基本用法"为依托，从认知到运用，由浅入深，有针对性地讲解了强调句型，通过对该句型基本用法的总结归纳，让学生熟练地掌握该句型，测验题目如图 5-46 所示。

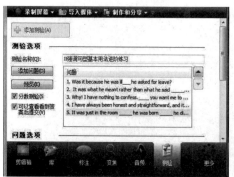
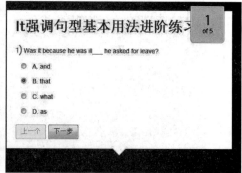

图 5-46　微课《It 强调句型基本用法》测验题目

带测验的视频文件只能发布成"MP4-Smart Player HTML5"格式，按照视频发布向导生成视频文件。

跟我学

1. **打开项目文件**　运行 Camtasia Studio 软件，选择"文件"→"打开项目"命令，打开 "It 强调句型基本用法.tscproj"项目文件。

2. **新建自定义生成**　单击"分享"按钮，打开生成向导，按图 5-47 所示操作，选择"新 建自定义生成"。

图 5-47　新建自定义生成

3. **选择视频格式类型**　按图 5-48 所示操作，选择发布的视频格式类型为"MP4-Smart Player HTML5"。

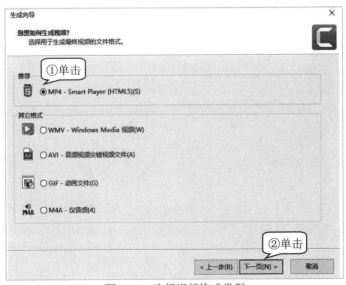

图 5-48　选择视频格式类型

4. 设置智能播放器选项 按图 5-49 所示操作，设置智能播放器选项。

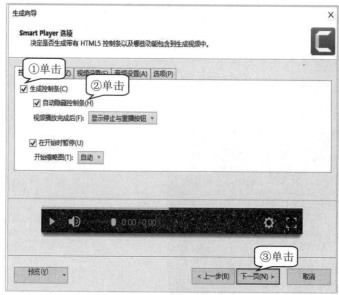

图 5-49 设置智能播放器选项

5. 设置水印效果 按图 5-50 所示操作，为视频设置水印效果。

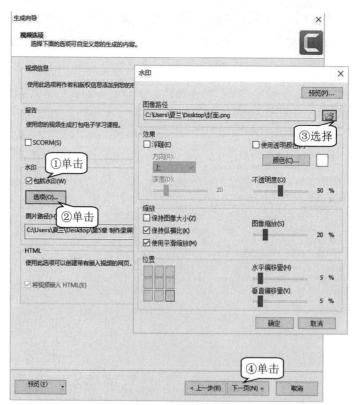

图 5-50 设置水印效果

6. 输出视频文件　按图 5-51 所示操作，渲染项目，输出视频文件，将项目名称设置为 "It 强调句型基本用法"

图 5-51　输出视频文件

第 6 章

制作拍摄型微课

使用拍摄工具制作微课，是较常用、较普遍的微课制作方式之一。根据不同类型的拍摄工具的特点，掌握制作微课视频的方法，可以丰富微课的呈现形式，提高微课视频的教学效果，从而增加学习者对微课的学习兴趣。

拍摄型微课是利用便携式拍摄设备，如手机、数码相机、数码摄像机等拍摄制作的微课，本章结合具体案例从拍摄方式、拍摄准备、拍摄对象讲授、动作表情等方面对其进行介绍。本章不但介绍如何利用摄像机进行专业拍摄，以及为视频编辑而设计拍摄的视频内容，还介绍如何从拍摄设备中导出视频文件、如何对已编辑完成的微课视频文件进行格式转换等。

由于篇幅限制，部分微课仅介绍关键画面和步骤，其他部分可参考配套资源中的实例进行学习。因其他章节已经对如何编辑视频文件做了详细介绍，本章不再具体介绍相关视频编辑的操作步骤。

本章内容

- 初识拍摄型微课
- 便携式设备拍摄微课
- 专用摄像机拍摄微课
- 编辑合成微课视频

6.1　初识拍摄型微课

　　拍摄型微课是利用便携式拍摄设备拍摄授课内容，并结合一些辅助性的硬件与软件工具，制作而成的特色微课。一节微课的层次结构是否好、教学效果是否佳，案例和知识点的选择非常重要。

6.1.1　拍摄型微课典型应用场景

　　拍摄型微课是针对学生难以理解的经典案例和知识进行拍摄的。拍摄型微课的适用范围很广，如典型范例解析、经典实验展示、抽象知识点讲解等。

1. 典型范例解析

　　对于典型范例的解析，可以用拍摄型微课的形式来进行讲解，图 6-1 为微课《相似之相似三角形的性质与判定(上)》和《徒手画树》效果图。

图 6-1　典型范例解析微课效果图

2. 经典实验展示

　　物理、化学学科的经典实验展示，可以通过边示范演示边讲解的方式进行讲解，图 6-2 为微课《伏安法测电阻》及《酒精灯的使用》效果图。

图 6-2　经典实验展示微课效果图

3. 抽象知识点讲解

对于较为抽象且学生很难理解的知识点，可以通过录制实例来帮助学生理解，图 6-3 为微课《冒泡排序》和《管理文件》效果图。

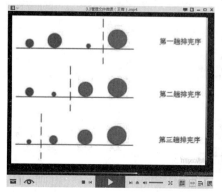

图 6-3　抽象知识点讲解微课效果图

6.1.2　拍摄型微课一般制作过程

拍摄型微课的制作步骤一般包括选择微课课题、撰写教学设计、准备拍摄器材及道具、拍摄讲解过程、编辑微课视频、发布微课视频等。

1. 选择微课课题

《制作手工灯饰》是一节美术手工课，该课程内容是为学生演示如何使用纸杯来制作灯饰。这类课程通过拍摄的方式将制作过程拍摄下来，供学生学习观看，更利于学生掌握制作方法。微课效果如图 6-4 所示。

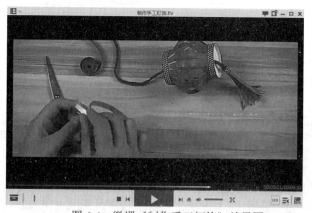

图 6-4　微课《制作手工灯饰》效果图

2. 撰写教学设计

在录制微课之前，教师需要进行科学规范的教学设计，以便在较短的时间内，选用最恰当的教学方法和策略讲清、讲透知识点，确保微课能满足学习者的需求。微课《制作手工灯饰》教学设计如表 6-1 所示。

表 6-1　微课《制作手工灯饰》教学设计

【教学目标分析】
(1) 学生能够选择合适的纸质材料制作圆筒基本形式及其变式；
(2) 学生愿意尝试借鉴某种形式，运用适当的装饰手法美化灯饰；
(3) 学生能有兴趣表述自己对灯与光的综合知识及情感体验

【重难点分析】	
重点：	
(1) 手工制作与民间工艺相结合的素质培养；	
(2) 制作方法的掌握及外观造型设计；	
(3) 理解灯饰制作与人们生活的密切联系性	
难点：	
好的制作如何去欣赏，分析好在哪里？需要学生去发挥想象和创造，作业的难度和要求要有一个定位	

【教学过程】	
导入	欣赏不同氛围中的灯饰图片，让学生为其选择适宜的环境，感受灯饰对渲染气氛的作用
体验	联系生活实际，让学生对不同地点的灯饰进行设计(如客厅灯光、卧室灯光、餐厅灯光等)，谈一谈创意，教师提出指导性意见
造型处理	(1) 根据圆筒造型进行的变化处理； (2) 从其他领域获得启示而进行的造型处理； (3) 欣赏不同造型的灯饰图片，学生分析造型特点
材质处理	教师在纸质灯饰上进行其他材料(如羽毛、小贝壳、树叶等)的装饰处理，并展示运用其他材料制作的灯饰，鼓励学生运用合适材料设计制作
设计制作	请大家以纸杯为主，结合其他材料装饰，分组制作一个漂亮的灯饰，注意造型的变化处理
小结	手工灯饰的制作步骤

3. 准备拍摄器材及道具

在拍摄微课之前，需要准备好拍摄器材(如手机、数码相机或摄像机)，也需要针对课程准备一些道具，以便拍摄。接下来，以手机拍摄为例来介绍拍摄器材及道具的准备。

- 拍摄器材：手机、手机支架。
- 道具：纸杯、剪刀、红色水彩笔、红丝绳、吸管、彩色纸、彩带。

4. 拍摄讲解过程

本节微课的所有讲解过程都需要拍摄录制，一气呵成地完成讲解和录制，对教师要求较高，因此在录制时，可根据讲解内容分段录制视频。

5. 编辑微课视频

录制完视频后，在 Camtasia Studio 软件中，对录制的视频片段进行编辑，如添加片头、片尾，剪辑不需要的视频，添加背景音乐，消除杂音，添加字幕、标注，等等。最后按要求发布视频。

6. 发布微课视频

将微课发布至互联网平台，具有资源的丰富性、更新的便捷性、信息的共享性等优势。在网络上发布微课视频，对视频格式和大小有一定的要求，因此，拍摄或编辑完微课后，可使用"格式工厂"软件，对微课视频进行格式转换，以便在网络上发布。

6.2 便携式设备拍摄微课

便携式数码拍摄设备是指携带方便且具有视频拍摄功能的数码产品，如手机、数码相机、平板电脑、摄像头等。利用这些设备拍摄微课的常用方法有固定式垂直拍摄、固定式水平拍摄和移动混合式拍摄等。

6.2.1 利用手机拍摄微课

手机是大家最为熟悉的通信设备，此处的手机是指带有摄像功能的手机，就拍摄微课而言，摄像性能越强的手机制作出的视频效果越好。利用手机拍摄微课，对设备的性能要求较低，在注意光线与声音环境的前提下，结合好的创意，也可以拍摄出优秀的微课。

利用手机拍摄微课

实例 1 小学语文《清平乐·村居》

本例内容是小学语文《清平乐·村居》微课，该微课借助手机支架固定手机，通过垂直向下的拍摄方式拍摄视频。微课效果如图 6-5 所示。

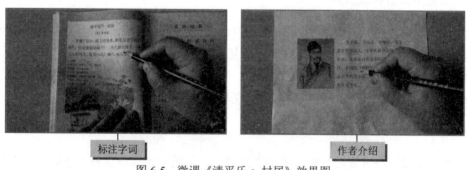

标注字词　　　　　　　　　　　　　作者介绍

图 6-5 微课《清平乐·村居》效果图

在利用手机拍摄微课之前，授课教师需要准备手机支架，本例中的手机支架选用的是手机懒人支架，这种支架在网络中购买方便，且价格便宜。

跟我学

　　使用手机支架固定手机，使用胶带、裁纸刀固定拍摄位置，准备纸张和彩色笔，以便在拍摄微课时使用。

1. **准备器材及道具**　用手机拍摄之前，准备手机、手机支架、纸张、胶带、裁纸刀、彩色笔等器材及道具，如图 6-6 所示。

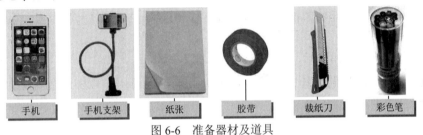

图 6-6　准备器材及道具

2. **固定手机**　首先将手机支架下方固定在桌子上，调整支架弯度，然后将手机固定到支架上，并调整手机的拍摄角度，操作步骤如图 6-7 所示。

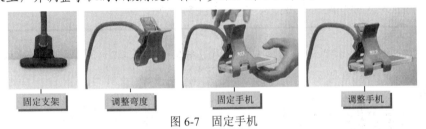

图 6-7　固定手机

3. **设置区域**　利用胶带在桌面上固定一个矩形区域，便于老师用手机拍摄时定位显示区域范围，具体操作步骤如图 6-8 所示。

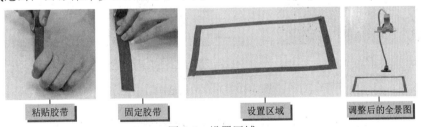

图 6-8　设置区域

　　打开手机拍摄软件，调整好拍摄选景范围与拍摄焦点后，设置拍摄视频的大小与格式，开始录制；拍摄过程中注意操作效率与节奏；拍摄结束后按停止键完成拍摄。

1. **开始拍摄** 打开手机拍摄软件，调整拍摄区域，设置好合适的焦距后便可开始拍摄，具体操作步骤如图 6-9 所示。

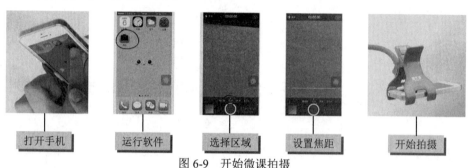

图 6-9 开始微课拍摄

2. **暂停拍摄** 如果在录制时需要暂停,可以按拍摄软件中的暂停键,当需要继续录制时,再按一次暂停键,即可开始拍摄。

3. **停止拍摄** 录制结束后，按停止键即可完成拍摄。

4. **导出视频** 拍摄完成后，通过手机数据线或手机软件，将所拍摄的视频导出到计算机。

> **注意事项**
>
> 使用手机固定拍摄不同于一般的视频拍摄，拍摄时要注意一些细节，如不要超出拍摄范围、头部不能遮挡镜头、手上不能有饰品等。

1. **注意拍摄范围** 授课时应在固定区域内进行操作，不要将教学用的物品放在拍摄区域之外，如图 6-10 所示。

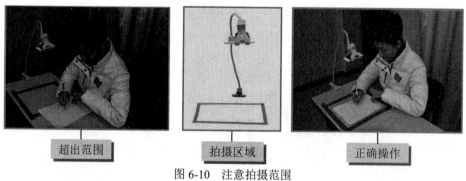

图 6-10 注意拍摄范围

2. **注意动作幅度** 教师授课时要注意动作的幅度和节奏，因为软件有自动对焦的功能，移动速度过快会导致画面不清晰。

3. **不干扰拍摄** 拍摄时不要出现干扰微课拍摄的行为与物品，例如，头部不要遮挡镜头，手上不要带有戒指、手镯等干扰学生注意力的饰品，如图 6-11 所示。

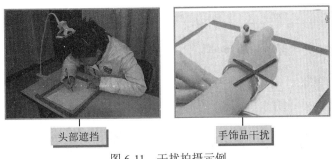

图 6-11　干扰拍摄示例

4. **注意拍摄光线**　如果室内光线不足，教师在拍摄时可以使用台灯之类的光源，在不干扰拍摄的前提下，对拍摄区域进行增加照明，使拍摄的视频画面更明亮。

 知识库

1. 利用手机拍摄微课的方法

利用手机拍摄微课除了可以采用固定式垂直拍摄方法外，还可以采用固定式水平拍摄方法，如利用高脚支架对计算机屏幕进行水平拍摄。这种方法可以将计算机屏幕上的一些难以下载的视频或动画课件的播放过程录制下来，如拍摄"一师一优课""体育示范动作""手工制作"等视频。

随着短视频平台的发展，通过手机，利用抖音等短视频平台的拍摄、编辑功能也可以方便地制作微课。

2. 利用手机拍摄微课的注意事项

使用手机拍微课需要注意以下几点。

(1) 选好拍摄角度。如果使用一部手机进行拍摄，一般拍摄正面；如果使用两部手机进行拍摄，则一部拍摄正面，另一部拍摄侧面；如果使用三部手机进行拍摄，除了可以拍摄正面、侧面之外，还可以拍摄全景。

(2) 使用手机支架。使用手机拍摄，不能手持，需要架好支架，使拍摄画面稳定。

(3) 调整灯光照明。如果是晚上，可用两盏台灯，一左一右进行补充照明，注意要使脸部光线均匀。

(4) 声音单独录制。尽量用录音笔单独录制声音，这样有问题时可以单独处理。

(5) 简单进行编辑。将不同角度的视频进行简单编辑，尽量以一个角度的视频为主，适当地插入其他角度的视频即可。

6.2.2　利用数码相机拍摄微课

数码相机不仅可以拍摄照片，还可以录制视频。数码相机同手机一样，也可以垂直固定拍摄或水平固定拍摄微课。本节将介绍另一种拍摄方法——移动混合式拍摄。

实例 2　小学语文《部首法查字典》

本例内容是小学语文《部首法查字典》微课，拍摄过程中采用了垂直、水平及移动多种拍摄方式，微课效果如图 6-12 所示。

拍摄显示屏　　　拍摄文字稿　　　拍摄查字典过程

图 6-12　微课《部首法查字典》效果图

本例中，在拍摄微课时，不但要拍摄计算机屏幕画面、打印的文字稿画面，还要拍摄动态的查字典过程的画面。制作这样的微课时，需要使用数码相机的移动拍摄技术。

 跟我学

拍摄准备

需要准备数码相机支架，支架要有旋转功能，以便拍摄时根据微课场景的不同进行相对平稳的画面切换，确保视频画面的连贯性。

1. **准备硬件**　使用相机三脚架作为固定支架，将连接端口与相机底部相连接。按图 6-13 所示操作，将相机固定在三脚架上。

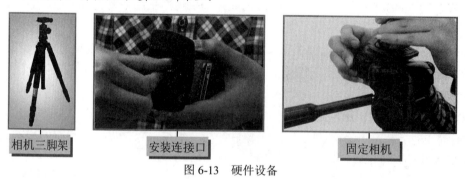

相机三脚架　　　安装连接口　　　固定相机

图 6-13　硬件设备

2. **选择环境**　拍摄环境要安静，不要有干扰教学的声音，同时注意拍摄范围内的光线强度。

3. **准备教具**　教师需要准备电子课件、纸质打印稿、新华字典等教具。

拍摄步骤

使用支架固定数码相机后，将通过支架的摇柄调整数码相机的拍摄角度，通过数码相机的焦聚功能放大或缩小显示内容。

1. **拍摄微课片头**　在授课教师的身后架设相机，由拍摄人员进行拍摄。使用斜向下的拍摄方式对准新华字典拍摄，拍摄效果如图 6-14 所示。

　　介绍课题　　　　　　　　　移动字典　　　　　　　　　呈现任务

图 6-14　拍摄微课片头

2. **拍摄显示屏画面**　教师根据教学的需要，在计算机屏幕中呈现教学内容。此时拍摄人员通过移动拍摄角度，将垂直拍摄调整为水平拍摄，拍摄效果如图 6-15 所示。

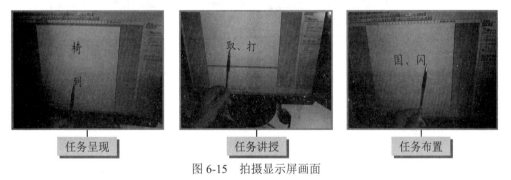

　　任务呈现　　　　　　　　　任务讲授　　　　　　　　　任务布置

图 6-15　拍摄显示屏画面

3. **拍摄查字典过程**　教师使用部首查字法查找"江"在字典中的页码，在讲解关键步骤时，要有明显的停顿，拍摄效果如图 6-16 所示。

　　远景拍摄　　　　　　　　　近景拍摄　　　　　　　　　放大拍摄

图 6-16　拍摄查字典过程

4. **拍摄重难点过程**　授课教师为了重点讲授"筑"字用部首查字典的使用过程，需要在显示屏、查字典之间进行反复切换讲解，这时拍摄人员就要始终让镜头跟随教师的语言和动作进行移动，拍摄效果如图 6-17 所示。

图 6-17　拍摄重难点过程

5. **拍摄扩展练习过程**　授课教师在进行教学内容结课讲解时，可以使用推镜头的方式突出重要性。在布置扩展练习时，可以使用拉镜头的方式突出扩展性，拍摄效果如图 6-18 所示。

图 6-18　拍摄扩展练习过程

 知识库

1. 利用数码相机拍摄微课的注意事项

使用数码相机进行移动式拍摄时，为了使拍摄画面稳定要合理使用数码相机支架。拍摄人员需根据授课教师的讲授过程，利用 360°平衡移动支架灵活移动相机，通过镜头的移动、放大或缩小来对画面取景。

2. 利用数码相机拍摄微课的技巧

为了达到较好的微课拍摄效果，建议拍摄人员与授课老师事先进行沟通，设计好分镜脚本后先试拍一遍，然后针对拍摄过程中存在的问题，找出解决办法。例如，当教师的讲解速度过快，拍摄画面跟不上时，授课教师要调整教学节奏；当教学重点不突出、互动内容未给出特写镜头时，可提醒拍摄者在什么时段重点拍摄什么内容。根据试拍效果进行有针对性的调整，再次拍摄就会取得较好的效果。

6.3 专用摄像机拍摄微课

摄像机按性能分可分为广播级、业务级和家用级，一般单位或学校购买的都是业务级的摄像机。摄像机按存储数码方式分可分为磁带式、存储卡、硬盘式等。如果从拍摄微课的角度来说，使用存储卡或硬盘式数码摄像机较方便，因为拍摄的视频可以在计算机中直接编辑处理。

本节主要以一般单位使用较多的数码摄像机为例进行讲解，图 6-19 所示的是索尼FDR-AX1E 数码摄像机。

图 6-19　索尼 FDR-AX1E 摄像机

6.3.1 了解摄像机拍摄基础知识

因本节内容以拍摄微课为主，所以关于摄像机操作使用方面的内容不做介绍，重点介绍摄像机拍摄方面的内容。摄像机的拍摄主要涉及景别的应用、镜头的运动、镜头的组接、机位的选择和光线的处理等方面。

1. 景别的应用

拍摄微课时，常用的景别有五种，分别是远景、全景、中景、近景和特写。同一人物在五种景别下的拍摄效果如图 6-20 所示。

图 6-20　五种景别的应用

- 拍摄"远景"：远景是各类景别中表现空间范围最大的一种，具有广阔的视野，常用来展示事件发生的时间、环境、规模和气氛。远景画面的处理，一般重在"取势"，不追求细节。在远景画面中，不注重人物的细微动作，因微课画面画幅较小，有人主张少用远景。少用是对的，但不能不用。

- 拍摄"全景"：全景用来表现场景的全貌或人物的全身动作，在微课中用于表现教师与教学环境、学生与教学环境之间的关系。例如，用全景拍摄课堂的环境、学生的活动、教师的教态等，强调的是课堂的氛围、情景，揭示事物相互之间的关系。在进行课堂教学录制时，录像的开头、结尾及中间环节都会用到全景或远景。全景、远景又称交代镜头。

- 拍摄"中景"：中景是表现成年人膝盖以上的躯体或场景局部的画面景别，中景可以表现人物与人物之间、人物与事物之间的相互关系。例如，用中景拍摄学生回答问题时的情景，不但可以表现回答问题的学生的表情和神态，同时还可捕捉邻座学生的反应，如表情、动作等。

- 拍摄"近景"：表现人物胸部以上或物体局部的景别称为近景。近景的视频形象是近距离观察人物的结果，所以通过近景能清楚地看清人物的细微动作。在拍摄人物时，要注意捕捉人物的眼神和手势等细节，例如，可以用近景拍摄学生回答问题、朗读、做作业、做实验；老师讲课、写板书、做演示实验；等等。在拍摄微课时近景是最常用的一种景别，它可在微课中展现授课教师的教学激情，给学习者留下深刻的印象。

- 拍摄"特写"：特写是表现成年人肩部以上及头部范围或某些被摄对象局部细节的画面景别。特写的功能主要是选择与放大，例如，用特写拍摄板书内容、实验现象、师生的面部表情和神态等，这些不同内容的特写，其作用都是通过细节观察事物的面貌，给人以较强烈的视觉冲击，强化学习者对所表现的形象的认识和感受，加深记忆。

2. 镜头的运动

在实际的拍摄过程中，还会经常进行运动摄像。运动摄像就是灵活地使用推、拉、摇、移、跟等操作方式进行拍摄。在进行动态拍摄时，只有恰当地运用镜头，才能达到好的拍摄效果。

- "推"：又称推镜头。推镜头是通过变焦使画面的取景范围由大变小、逐渐向被摄主体接近的一种拍摄方法，可以达到视觉前移的效果。推镜头通过画面的运动来引起观众对某个形象或教学环节的注意，因此，其应有明确的表现意义，没有任何意义的推摄镜头应该避免。

- "拉"：又称拉镜头。摄像机画面逐渐远离被摄主体，实现由局部到整体的转移，形成视觉后移的效果，从而达到逐渐展示场景的意图。

- "摇"：也称摇摄、摇镜头。摄像机机位固定，机身借助三脚架的云台或人体做上下、左右、斜线、曲线、半圆、360°等各种形式的摇拍，用于表示被摄主体处于静止位置。

- "移"：又称移动镜头、移动摄影。移动摄影主要分两种拍摄方式，一种是将摄像机架在可移动物体(如装有滑轮的三脚架)上并随之运动进行拍摄，另一种是摄像者肩扛摄像机，通过人体的运动进行拍摄。考虑到画面的稳定性，在课堂实录中一般不常使用这类镜头，只有当被摄体被前景挡住无法正常取景时才会使用。
- "跟"：又称跟拍或跟镜头。跟镜头就是摄像机镜头跟随运动的被摄体一起运动而进行的拍摄。它可以表示人物处于动态的主观视线，使观众有种身临其境之感。例如，可以用跟镜头拍摄老师巡视课堂、学生互动表演等画面。

3. 镜头的组接

将拍摄的画面有逻辑、有构思、有意识、有创意、有规律地连接在一起，就形成了镜头组接。在利用多机位摄像机拍摄时，专业的拍摄人员经常将许多镜头合乎逻辑地、有节奏地组接在一起，从而阐释或叙述教学过程中的重难点内容。以下介绍几种有效的组接方法。

- "连接"镜头组接："连接"镜头组接就是相连的两个或两个以上的一系列镜头表现同一主体的动作。
- "队列"镜头组接："队列"镜头组接是相连镜头但不是同一主体的组接，由于主体的变化，随着下一个镜头主体的出现，观众会联想到上下画面的关系，起到呼应、对比、隐喻、烘托的作用，往往能够创造性地揭示出一种新的含义。
- "两级"镜头组接："两级"镜头组接是由特写镜头直接跳切到全景镜头，或者从全景镜头直接切换到特写镜头的组接方式。这种方法能使情节的发展在动中转静或在静中变动，给观众带来的观感极强，节奏上形成突如其来的变化，会使观众产生特殊的视觉和心理效果。
- "特写"镜头组接："特写"镜头组接是上一个镜头以某一人物的某一局部(头或眼睛)或某个物件的特写画面结束，然后从这一特写画面开始，逐渐扩大视野，以展示另一情节的环境。运用这种组接方法的目的是当观众注意力集中在某一个人的表情或者某一事物的时候，在不知不觉中转换场景和叙述内容，不使人产生陡然跳动的不适感。

4. 机位的选择

微课教学录像课可采用单机位拍摄、双机位拍摄和多机位拍摄。一般为了使拍摄画面不抖动，可以通过三脚支架固定摄像机。将三脚支架固定在三脚滑轮上，还可以推动三脚支架进行移动拍摄。拍摄机位与设备如图 6-21 所示。

图 6-21　拍摄机位与设备

- 单机位拍摄：单机位拍摄的缺点是要分别兼顾教师和学生的活动，对拍摄者的要求比较高，景别单调，对师生互动表现不明显，拍摄起来难度大，后期合成效果差。优点是如果拍摄顺利，后期就不必进行视频编辑。

- 双机位拍摄：由于多一个机位，一个主拍教师，另一个主拍学生，拍摄效果较好，可实现师生镜头画面的合理切换。两个机位具体分工：一号机从教室的后方向前拍摄教师活动、讲台、投影和教室全景，开头和结尾处以全景镜头为主，中间以中景镜头为主，拍摄教师讲授、板书、操作演示多媒体设备等画面，也可适当应用特定的特写镜头表现教师的动作、表情或展示的教学用具，尽可能地拍好教师近景和板书内容；二号机从教室的前侧向后拍摄学生，以近景、特写为主，兼顾中景，例如，拍摄学生听课、做实验、做练习、记笔记、回答问题、朗读等画面，同时要注意抓拍与教学活动相关的个别学生的瞬间动态(如脸部神态、表情等)。

- 三机位拍摄：利用三个机位进行拍摄，拍摄的效果更理想，摄取的场景更丰富，便于后期编辑制作。前后各一个机位固定拍摄，分别拍摄学生听课画面和教师讲课画面，类似双机位拍摄法。第三台机器采用移动拍摄法，拍摄教学过程中的一些特殊画面，如教师的神态、学生讨论的精彩画面、多媒体课件等特定画面。但三机位拍摄将会为后期视频影像的合成制作增加许多复杂的工作，延长后期合成的时间。

5. 光线的处理

光是拍摄环境时的重要因素，适当地对环境进行补光、合理地校正摄像机的白平衡后再进行拍摄，效果会更好。针对教室内拍摄光源不足的问题，可以借鉴以下三种方法。

(1) 计算机信号接入切换台：教室内的投影大多利用的是教师用计算机输出的信号。我们可以使用分屏器分出信息源提供给切换台，实现对计算机画面的录制。

(2) 后期补拍和编辑：在第一次拍摄时，以教师面部的曝光要求为基准进行曝光，多机位进行切换实录。随后对有投影出现的细节进行补拍，用插入编辑的方法进行修改。同样要选好编辑点，使过渡自然、顺畅。

（3）区域布光法：对教师活动较为频繁的区域给予较强的布光，而对投影区给予较暗的布光或不布光。最好使用聚光灯，而不要用散光灯，以免影响投影区域的光线。有条件的可以使用追光。

使用摄像机拍摄微课对于初学者来说是一个熟能生巧的过程，只有多次进行微课课例的拍摄，才能体会景别应用、镜头运动与组接、机位选择等内容。

6.3.2　单机位拍摄微课

单机位拍摄一般用摄像机对准授课教师和教学内容进行拍摄，这种方式拍摄成本较低，一台摄像机搭配一个三角架即可。拍摄过程中可能会涉及设定视频画面、选择视频景别、拍摄绿屏背景和进行室外拍摄等情况。

实例 3　初中英语《How to make suggestions》

单机位拍摄微课 1

本例内容是初中英语《How to make suggestions》的重点内容"提建议的句式"微课，效果如图 6-22 所示。

课件应用拍摄

黑板应用拍摄

图 6-22　微课《How to make suggestions》效果图

本例是使用单机位摄像机进行不停机拍摄的案例，通常采用入画拍摄和定格拍摄的方法来设计单机位摄像机的拍摄过程。

 跟我学

入画拍摄

入画拍摄是指角色或景物进入拍摄机器的取景画幅中，可以从上、下、左、右等多个方面对角色进行拍摄。

1. **固定镜头拍摄**　固定镜头拍摄简单地说就是将镜头对准目标后，进行固定点的拍摄，而不进行推近拉远的拍摄，也不进行上下左右的扫摄。固定镜头拍摄以稳定性为主，如图 6-23 所示。

介绍课题　　　　　　　　　导入新课

图 6-23　固定镜头拍摄

2. **保持构图平衡**　在拍摄时，要保持画面的平衡性和画面中各物体要素之间的内在联系，在如图 6-24 所示的画面中，课件画面占 2/3，教师在画面的 1/3 黄金分割处，平衡了画面布局。

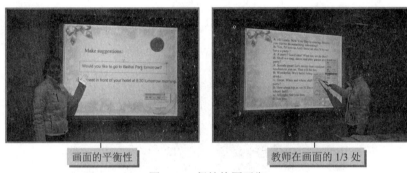

画面的平衡性　　　　　　　教师在画面的 1/3 处

图 6-24　保持构图平衡

　　摄像的构图规则跟静态摄影的构图规则十分类似，不但要注意主角的位置，还要研究整个画面的结构。

3. **拍摄入画镜头**　授课教师从电子屏幕移动到黑板处的拍摄过程，就是黑板从左向右的入画拍摄过程，如图 6-25 所示。

入画镜头　　　　　　　　　入画拍摄

图 6-25　拍摄入画镜头

4. **拍摄出画镜头**　授课教师如果从黑板处再移动到电子屏幕处,将黑板画面移出镜头的过程,就是黑板的出画拍摄过程。无论是入画拍摄还是出画拍摄都要保持镜头稳定。

定格拍摄

定格是指将视频的某一格,即视频的某一帧,通过技术手段,增加若干帧,以达到影像相对静止的目的。通常微课的开始(或结束)都以定格开始(或以定格结束)。

1. **拍摄板书**　拍摄授课教师在黑板上书写时要注意角度,不要出现教师身体完全遮挡文字的情况。教师在书写时,身体要侧一点,要让镜头画面显示板书内容,如图 6-26 所示。

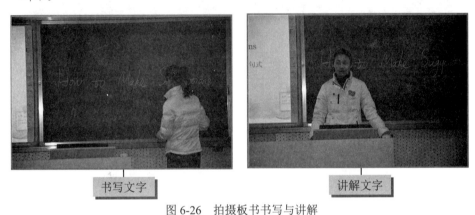

书写文字　　讲解文字

图 6-26　拍摄板书书写与讲解

2. **定格画面**　授课教师在讲授重点内容时,拍摄者应给出定格画面,如图 6-27 所示,从而起到强调与突出的作用,便于学生观看。

讲授重点　　定格画面

图 6-27　拍摄定格画面

3. **定格画面的其他应用**　一般每个微课的片头和片尾都有 5~8 秒的定格画面。定格画面中影像处于静止状态,便于表达内容的同时,也给观看者留有思考的时间。

实例4　小学体育《武术》

本例内容是小学体育《武术》微课，该微课效果如图6-28所示。本案例主要从拍摄的角度介绍录制微课的技巧。

单机位拍摄微课2

准备活动

教学画面

图6-28　微课《武术》效果图

跟我学

多角度拍摄

在大多数情况下，拍摄要以平摄为主。但是千篇一律地使用平摄，就会使观看的人感到平淡乏味。偶尔变换一下拍摄的角度，就会使影片增色不少。

1. **平摄**　平摄即水平拍摄，大多数画面应该在摄像机保持水平方向时拍摄，这样比较符合视觉习惯，画面效果显得比较平和稳定，以平摄为主的教学画面如图6-29所示。

教师示范

学生练习

图6-29　水平方向拍摄

2. **侧摄**　侧摄即从侧面拍摄，通过侧摄能丰富教学内容，侧摄教学画面如图6-30所示。

3. **其他角度拍摄**　拍摄角度还有仰摄，即由下往上拍摄；俯摄，即由上往下拍摄。用户可根据需要进行选择，此处不做介绍。

教师示范

学生练习

图 6-30　侧面拍摄

运动摄像

　　运动摄像就是在一个镜头中通过移动摄像机机位，或者改变镜头光轴，或者变化镜头焦距所进行的拍摄，通过这种拍摄方式拍到的画面，称为运动画面。

1. **拍摄技巧**　由推、拉、摇、移、跟、升降摄像和综合运动摄像可以形成推镜头、拉镜头、摇镜头、移镜头、跟镜头、升降镜头和综合运动镜头等。

2. **推镜头拍摄**　推镜头是将摄像机向被摄主体方向推进，或者变动镜头焦距使画面框架由远至近向被摄主体不断接近的拍摄方法，如图 6-31 所示。

原镜头画面

推镜头拍摄

图 6-31　推镜头拍摄

3. **拉镜头拍摄**　拉镜头是摄像机逐渐远离被摄主体，或变动镜头焦距使画面框架由近至远与主体拉开距离的拍摄方法，如图 6-32 所示。

原镜头画面

拉镜头拍摄

图 6-32　拉镜头拍摄

拉镜头使被摄主体由大变小，使周围环境由小变大。随着镜头逐渐拉远，教学环节接近尾声，最后画面定格，完成拍摄。

实例 5　小学信息技术《指挥海龟齐步走》

本例内容是小学信息技术《指挥海龟齐步走》微课，为了更好地说明单机位拍摄的方式，此处选择了网络教学互动实景课例进行讲解，效果如图 6-33 所示。

师生互动拍摄　　　　　　　学生正面拍摄

图 6-33　微课《指挥海龟齐步走》效果图

跟我学

景别应用

景别是指由于摄像机与被摄体的距离不同，而造成被摄体在视频画面中所呈现的范围大小的区别。在教学中为了突出不同的教学内容经常使用不同的景别。

1. **拍摄教师授课**　授课开始时使用全景拍摄方式拍摄教室；然后慢慢改变景别，使用中景拍摄方式讲台；最后改为使用近景拍摄方式拍摄教师。这是拍摄教师在课堂中刚开始授课时的常用方式，如图 6-34 所示。

全景拍摄　　　　　　中景拍摄　　　　　　近景拍摄

图 6-34　拍摄教师授课

2. **拍摄屏幕画面特写**　在对网络教学环境下的课堂进行拍摄时，需要使用特写拍摄方式突出显示学生的屏幕画面，效果如图 6-35 所示。

中景拍摄　　　　　近景拍摄　　　　　特写拍摄

图 6-35　特写拍摄屏幕画面

运动镜头

　　在课堂中，授课教师会根据教学的需要，在教室里来回走动，这时就要通过摇镜头、移镜头等拍摄方式，呈现教学过程。

1. **摇镜头拍摄**　拍摄时应尽量将被摄主体稳定地保持在画框内的某一点上，否则画面会偏左或偏右。如图 6-36 所示，当摇摄教师从讲台走到学生面前时，摇速要与画面内教师的位移相对应，否则容易产生不稳定感，使观看者视觉疲劳。

摇镜头起幅　　　　　摇镜头过程　　　　　摇镜头落幅

图 6-36　摇镜头拍摄

　　摇摄形成镜头运动，迫使观看者随之改变视觉空间，观看者对后面摇进画面的新空间或新景物就会产生某种期待。

2. **移镜头拍摄**　一般只有在学生进行自主学习或做练习时，才使用一台摄像机拍摄，边移动机位，边拍摄，尽可能不干扰教学，如图 6-37 所示。

　　拍摄时机位发生改变，边移动边拍摄的方法称为移镜头。移摄时可将摄像机放在肩部，保持画面相对稳定。

移摄起幅　　　　　　　移摄过程　　　　　　　移摄落幅

图 6-37　从教室后面移镜头到教室正面的拍摄

3. 跟镜头拍摄　跟镜头拍摄即摄影机跟踪运动着的被摄对象进行拍摄的摄影方法,它可带来连贯流畅的视觉效果,如图 6-38 所示。

图 6-38　跟镜头拍摄

跟镜头可连续而详尽地表现角色在行动中的动作和表情,既能突出运动中的主体,又能交代主体的运动方向、速度、体态及其与环境的关系。

实例 6　高中英语《Do you know "well"? 》

本例内容是高中英语《Do you know "well"? 》不同语境中 well 的应用微课,该微课使用分段的方式进行拍摄,最后通过视频编辑软件完成视频合成,微课效果如图 6-39 所示。

绿屏技术　　　　　　　　　　　视频组合

图 6-39　微课《Do you know "well"? 》效果图

跟我学

绿屏拍摄

人们通常认为，当使用数码摄影机进行拍摄时，被摄物体在绿色背景上能留下更清晰的边缘，这是由于绿色的反射比更高，不容易融到被摄物体上，后期抠像时也会更干净。

1. **绿屏拍摄** 在绿色背景下，拍摄授课教师的教学画面，如图 6-40 所示。在拍摄时授课教师一定要事先规划好后期要合成的背景，在此背景环境下完成视频拍摄。

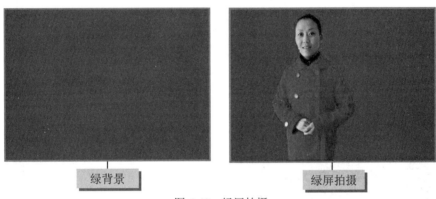

图 6-40 绿屏拍摄

2. **合成效果** 通过专业的视频编辑软件，完成视频抠图操作，效果如图 6-41 所示。

图 6-41 绿屏抠图合成

视频组合

视频组合即提前拍摄视频片段，再将视频片段插入课件，通过录屏软件生成微课视频，然后再通过视频合成技术完成绿屏抠图，最终生成影片。

1. **拍摄并插入课件** 拍摄情境对话视频，并将其插入课件，如图 6-42 所示。

图 6-42　拍摄并插入课件

2. 选择影片并插入课件　选择影片视频片段插入课件，如图 6-43 所示。

图 6-43　选择影片并插入课件

3. 合成视频　通过视频合成技术生成作品，效果如图 6-44 所示。将视频插入课件、课件录屏方法及视频合成技术请详见本书其他章节，此处不再赘述。

图 6-44　合成视频

知识库

1. 手动亮度调整功能

逆光拍摄时，如果以全自动模式拍摄，必定是主体或人物全黑而背景光亮；当光线较暗时进行拍摄，黑暗中的灯光会一片模糊。针对以上问题，最好的解决方式就是逆光拍摄时按下逆光补正功能键，如果摄像机没有这个功能，可将全自动模式切换到手动模式，找到亮度调整键进行画面亮度的调整。逆光时将亮度调亮，光线较暗时则调暗，当然，最好的方式还是直接看着观景器或是液晶屏幕上的画面将亮度调整到适当位置。

2. 手动焦距调整功能

在正常情况下拍摄，大多采用自动对焦模式，但当隔着铁丝网、玻璃，或者镜头与目标之间有人物移动时，对焦画面往往会一下清楚一下模糊。因为在自动对焦模式下摄像机是依据前方物体反射回来的信号判断距离然后调整焦距的，所以才会出现上述的情形。此时只要将自动对焦模式切换到手动对焦模式，将焦距锁定在固定位置，焦距就不会变动了。

6.3.3　多机位拍摄微课

多机位拍摄教学片段，是指采用两个及两个以上机位，以固定方式，即机位不移动，只通过镜头的推、拉、移来完成拍摄。机位一前一后，摄录学生的机位安置在靠讲台门口的角落中，摄录教师的机位安置在后门的角落中，两台机器尽量避免拍摄到对方。

多机位拍摄微课

实例 7　初中语文《就英法联军远征中国给巴特勒上尉的信》

本例内容是初中语文《就英法联军远征中国给巴特勒上尉的信》微课，教学重点是品味文章多姿多彩的语言，欣赏作家的讽刺艺术。微课效果如图 6-45 所示。

拍摄教师机位　　　　　　　　　　拍摄学生机位

图 6-45　微课《就英法联军远征中国给巴特勒上尉的信》效果图

摄录教师的摄像机只摄录教师的授课过程，应尽量把授课的重点、难点记录下来。摄录学生的摄像机只摄录学生的听课过程，应尽量把学生听课时的认真态度与回答教师问题时的神态记录下来。

本例是在交互式电子白板环境下拍摄的，所以在拍摄之前，教师应撰写微课教学设计、制作电子白板课件等。因本节重点介绍双机位的拍摄技术，其他课件制作与微课教学设计内容可参考本书其他章节，此处不再赘述。

跟我学

一号摄像机

一号摄像机用来拍摄教师讲课画面，机器就架设在最后一排学生的座位后面，方向与学生听课方向一致，镜头面对黑板。

1. **拍摄导入** 授课教师在教学中使用交互式电子白板进行演示讲解，如图 6-46 所示。在拍摄时要注意画面内容的完整性，尽量少摇机器，使人物在画面中保持平直。

教师讲解　　　　　　　教师演示

图 6-46　拍摄导入

2. **拍摄板书** 当授课教师在黑板上书写教学内容时，就必须将拍摄画面推成板书的特写画面，并停留足够长的时间，以便学生抄写画面中的内容，如图 6-47 所示。

全景拍摄　　　　　　　特写拍摄

图 6-47　拍摄板书

3. **拍摄重难点**　教师使用白板交互式课件演示、解决教学中的重难点，在拍摄时，注意教师的正面和背面与白板的构图关系，拍摄效果如图 6-48 所示。

图 6-48　拍摄重难点

4. **拍摄互动练习**　学生上讲台操作展示、授课教师指导学生操作练习，拍摄效果如图 6-49 所示，这里使用了跟摄、推镜头等拍摄方式。

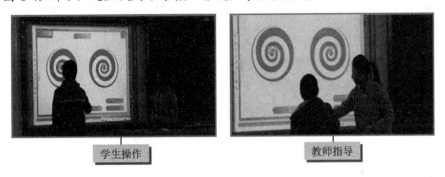

图 6-49　拍摄互动练习

二号摄像机

　　二号摄像机用来拍摄学生的听课过程，机器架设在第一排学生的座位前面，方向面对学生。机器高度以人物站姿拍摄高度为准，同时考虑机器转动角度在 90°方位上无障碍物。

1. **拍摄学生全景**　二号摄像机主要拍摄学生活动情况、情绪变化反应。机器始终以全景方式进行拍摄，如图 6-50 所示，学生在课堂上认真听课时的神态，与老师互动时的表情都被清晰地记录了下来。

认真听课　　　　　　互动交流

图 6-50　拍摄学生全景

2. **拍摄学生近景**　拍摄近景即重点拍摄学生在课堂上具有感染力的精彩画面。当学生回答教师提问的问题时迅速推成中近景,学生回答完之后再拉回全景,以便拍摄下一个学生,如图 6-51 所示。

近景拍摄　　　　　　拉全景拍摄

图 6-51　拍摄学生近景

3. **指导学生**　教师从讲台走到学生中,使用二号摄像机拍摄,效果如图 6-52 所示。

巡视指导　　　　　　摇摄教师

图 6-52　指导学生

镜头组接

　　将多个摄像机拍摄的画面有逻辑、有构思、有意识、有创意、有规律地连接在一起,就形成了镜头组接。好的视频是由许多镜头有逻辑、有节奏地组接而成的。

1. **静接静镜头组接**　当一号摄像机拍摄的镜头与二号摄像机拍摄的镜头相互连接时,要保证画面时长一致,如图 6-53 所示。

一号摄像机拍摄的教师教学镜头　　二号摄像机拍摄的学生学习镜头

图 6-53　静接静镜头组接

2. **动接动镜头组接**　主体不同、运动形式不同的前后摄像机镜头相连，在组接时，要求在运动中切换，只保留第一个摇镜头的起幅和最后一个镜头的落幅，如图 6-54 所示。

一号摄像机的起幅　　二号摄像机的落幅

图 6-54　动接动镜头组接

3. **静接动镜头组接**　当固定镜头与运动镜头相连，前后镜头的主体具有呼应关系时，应视情况决定镜头相接处起落幅的取舍，如图 6-55 所示。

一号摄像机拍摄教师提出问题　　二号摄像机拍摄学生起立回答问题

图 6-55　静接动镜头组接

 知识库

1. 组接规律

如果视频画面中同一主体或不同主体的动作是连贯的，可以动作接动作，达到顺畅、简洁过渡的目的，简称为"动接动"。如果两个画面中主体的运动是不连贯的，或者它们中间是有停滞的，那么这两个镜头的组接必须在前一个画面主体做完一个完整动作停下来后，接上一个从静止到开始的镜头，这就是"静接静"。"静接静"组接时，前一个镜头结尾停止的片刻叫"落幅"，后一镜头运动前静止的片刻叫"起幅"，起幅与落幅之间的时间间隔大约为一两秒钟。

运动镜头和固定镜头组接，同样需要遵循"动接动""静接静"的规律。如果一个固定镜头要接一个摇镜头，则摇镜头开始要有"起幅"；相反一个摇镜头接一个固定镜头，那么摇镜头要有"落幅"，否则画面就会给人一种跳动的视觉感。为了特殊效果，也有"静接动"或"动接静"的镜头。

2. 双机位拍摄注意事项

前后机位摄像人员与授课教师要在拍摄之前进行沟通，两位摄像人员要了解教学的流程、教学的重点内容，还要做好分工。授课教师要知道拍摄的死角，要注意在教学中的行走路线，不要走在两台摄像机的交叉线上，以免在互摄时出现摄像机的画面。

双机位拍摄尽量选择两台相同的摄像机，在拍摄前要对两台摄像机进行调试，使这两台摄像机所选择的光圈、滤色片、记录格式等相同。这样两台摄像机拍摄出的画面才不会有太大的差别。

6.4　编辑合成微课视频

拍摄型微课拍摄完成后，需要将视频文件从拍摄设备导入计算机，然后使用视频编辑软件对视频进行编辑。微课编辑完成后，需要上传到网络中的相关平台上，网络平台对视频格式是有一定要求的。

因前几章已经详细介绍了视频编辑的内容，故本节将结合案例介绍如何将拍摄设备中的视频文件导入计算机，以及如何使用"格式工厂"软件对视频文件进行格式转换。

6.4.1　导出视频文件

对于拍摄型微课来说，手机是常用且方便的拍摄设备，此处的手机是指带有摄像功能的手机。拍摄完毕后，如何将手机中的视频文件导入计算机？编辑完成后，如何转换成网络中要求的格式？本节将结合具体案例讲解如何解决这些问题。

实例 8　小学英语《常用介词的用法》

本例内容是小学英语《常用介词的用法》微课，该微课使用手机拍摄完成后，通过 QQ 软件，将视频文件传输到计算机。微课效果如图 6-56 所示。

图 6-56　微课《常用介词的用法》效果图

在传输视频文件之前，需分别在手机和计算机中登录 QQ 软件。视频文件传输操作步骤如下。

 跟我学

┌─────────────┐
│ **手机端操作** │
└─────────────┘

在手机中登录 QQ 软件，选择传输设备后，打开文件管理应用，选中需要传输的视频文件，进行文件传输。

1. **选择传输设备**　在手机中登录 QQ 软件，按图 6-57 所示操作，选择文件传输设备。

图 6-57　选择传输设备

2. **发送视频文件**　点击"文件夹"图标 📁，进入手机中的文件管理应用，按图 6-58 所示操作，将视频文件发送到计算机。

图 6-58　发送视频文件

PC 端操作

　　发送完成后，在计算机中登录 QQ 软件，在文件助手对话框中接收视频文件，并将视频文件保存到指定位置。

3. **接收视频文件**　发送完成后，在计算机中登录 QQ 软件，在文件助手对话框中，按图 6-59 所示操作，接收视频文件。

图 6-59　接收视频文件

4. **保存视频文件**　接收完成后，按图 6-60 所示操作，将视频文件保存在指定位置。

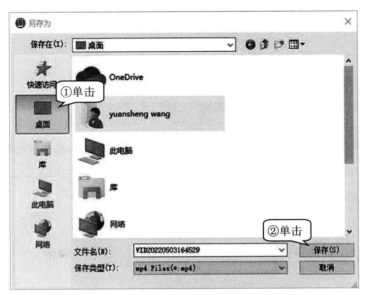

图 6-60　保存视频文件

6.4.2　转换视频格式

微课制作完成后，可以将其上传至网络平台。网络平台对视频文件的格式有一定的要求，平台中比较流行的有".flv"和".mp4"格式。使用"格式工厂"软件可以将不同格式都转换成目标文件格式。

实例 9　小学科学《马铃薯在液体中的沉浮》

本例内容是小学科学《马铃薯在液体中的沉浮》微课，微课效果如图 6-61 所示。微课编辑完成后，为方便将微课上传到网络中，需转换视频格式。

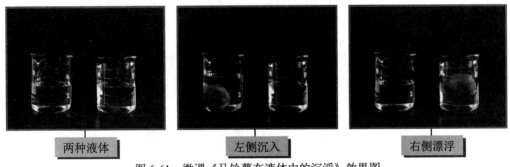

图 6-61　微课《马铃薯在液体中的沉浮》效果图

使用"格式工厂"软件，根据网络平台要求，将制作好的微课视频文件进行格式转换。

跟我学

设置软件

> 运行"格式工厂"软件,并设置文件的输出位置。

1. **运行软件** 双击桌面图标,运行"格式工厂"软件,界面如图 6-62 所示。

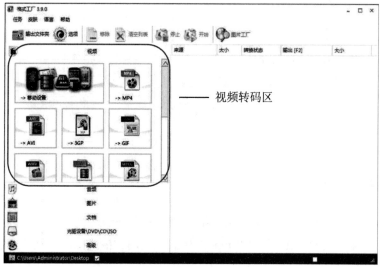

视频转码区

图 6-62 "格式工厂"软件界面

2. **设置输出位置** 单击"选项"按钮,打开"选项"界面,按图 6-63 所示操作,设置文件的输出位置。

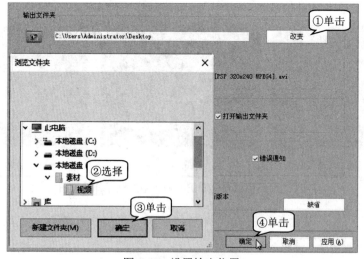

图 6-63 设置输出位置

转换格式

　　文件只有在格式匹配的设备或软件中才能被打开，格式转换器就是将各种文件转换成所需格式，以便有设备或软件可以打开它。

1. **选择格式**　按图 6-64 所示操作，选择 ".FLV" 格式，并打开 "FLV" 对话框。

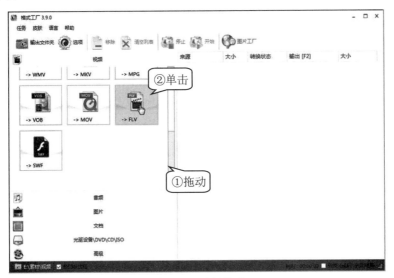

图 6-64　选择格式

2. **输出配置**　进入 "FLV" 对话框，按图 6-65 所示操作，选择输出配置。

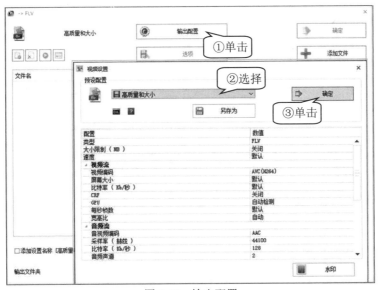

图 6-65　输出配置

3. **添加文件**　按图 6-66 所示操作，将需要转换视频格式的文件添加到 "格式工厂" 软件。

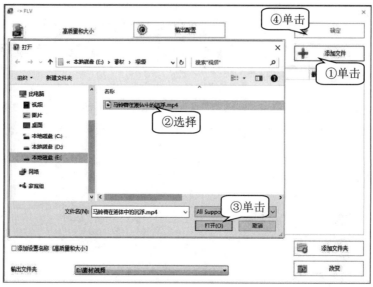

图 6-66　添加文件

4. **转换格式**　单击"开始"按钮，进行转换。转换完成后，即可得到所需格式的文件。

 知识库

1. 常见的视频格式

- AVI：该格式调用方便、图像质量好，压缩标准可任意选择，是应用最广泛、应用时间最长的格式。
- WMV：该格式的优点包括可扩充的媒体类型、本地或网络回放、可伸缩的媒体类型、流的优先级化、多语言支持、扩展性等。
- 3GP：该格式是一种 3G 流媒体的视频编码格式，主要是为了配合 3G 网络的高传输速度而开发的，也是目前手机中较为常见的一种视频格式。
- FLV：该格式文件小、加载速度快，使得网络观看视频文件成为可能。它的出现有效地解决了视频文件导入 Flash 后，使导出的 SWF 文件体积庞大，不能在网络上很好地使用等缺点。
- MPEG-4：该格式是移动设备和 Internet 视频流中常用的视频和音频压缩格式，以低数据速率提供高质量视频。

2. 其他视频格式转换软件

常用的视频格式转换软件除了"格式工厂"软件，还有"狸窝""Convertio 在线文件转换器""迅捷视频转换器"等。

6.4.3　合成微课视频

合成微课视频

使用 Camtasia Studio 软件可以把录制好的多个视频片段，根据提前
设计的脚本进行编辑，合成微课视频，最终导出和分享。

实例 10　初中化学《探究酸、碱的化学性质》

本例内容是初中化学《探究酸、碱的化学性质》实验操作微课视频，该视频是使用双
机位拍摄的。如果将视频文件复制到计算机后，Camtasia Studio 软件不能导入，可使用"格
式工厂"软件进行格式转换。微课效果如图 6-67 所示。

拍摄教师机位

拍摄操作机位

图 6-67　微课《探究酸、碱的化学性质》效果图

 跟我学

合成视频

　　单机位拍摄是同一角度从头拍到尾，单机位拍摄出的视频可以直接使用。但当需要
增加片头、片尾、局部特写或以多机位分镜呈现视频时，就有了合成视频的需求。

1. **制作脚本**　依照撰写好的教学设计、课题内容讨论出视频需要呈现的具体内容，
　　确定各分镜的时长。微课《探究酸、碱的化学性质》脚本如表 6-2 所示。

表 6-2　微课《探究酸、碱的化学性质》脚本

场次	镜头	分镜画面	声音说明	画面说明	时间长度
1	远景		同学你好，我演示的实验是"探究酸、碱的化学性质"	全景显示老师，老师开始讲解实验的主题	10 秒

(续表)

场次	镜头	分镜画面	声音说明	画面说明	时间长度
2	中景		清洗试管，将小烧杯中的水倒入废液桶中，擦拭实验台	教师演示整理实验台的具体操作	45 秒
3	近景		向试管中倒入约 1 毫升稀氢氧化钠，再滴入一滴酚酞溶液	重点突出倒入溶液的正确方法和试管震荡操作	10 秒

2. **合成视频**　将拍摄录制的多镜头视频片段导入 Camtasia Studio 软件，根据脚本内容，在进行编排和剪辑后合成视频，如图 6-68 所示。

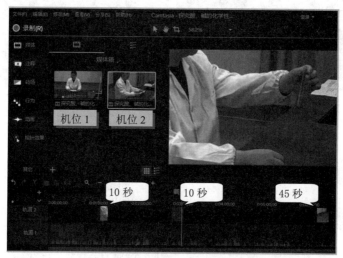

图 6-68　根据脚本剪辑并合成视频

3. **导出视频**　单击 "导出" 按钮 ，导出生成的视频文件。

 知识库

1. 脚本的改编

选定拍摄方式后，授课老师要和摄像人员讨论课程的内容和重点、各个知识点出现的时间、画面文字安排是否符合学生的观看习惯、分镜的时长等内容，最终规划出真正具有教学效果且信息正确的视频。

2. 节奏的控制

生活中到处都存在着节奏，它是多元化的，把多元化的内容融合在微课之中，对于微课创作者来说极具挑战。节奏是事物内部结构或外部联系的和谐统一，是美的普遍规律。剪辑过程中，要做到有交代(远景)，有人物交流(中景)，有表情和心理活动(近景)，有重点表达(特写)等镜头语言，从而形成节奏感。

第 7 章

制作综合型微课

　　微课要根据教学的需求进行制作，有时为了讲解清楚某个知识点，可能用到的辅助技术比较多，例如，在化学学科中需要讲解相关的概念，又需要用实验进行验证，因此需要综合应用多种微课制作技术。本章将结合具体的案例进行分析、讲解，重点讲述微课的规划、设计、素材准备，以及用 Camtasia Studio 软件编辑制作综合型微课的技巧。

　　通过对本章的学习，用户可以对综合型微课的规划与制作有一定的了解，为日后设计制作出特点鲜明、作用明确、效果显著的微课做准备。

本章内容

- 规划设计微课
- 准备微课素材
- 编辑制作微课
- 测试发布微课

7.1 规划设计微课

综合型微课是融合多种制作方法制作的微课，用户可以通过拍摄、录屏等方式，结合一些辅助性的硬件与软件工具，完成微课的制作。制作综合型微课的过程包括规划设计微课、准备微课素材、编辑制作微课、测试发布微课，如图 7-1 所示。

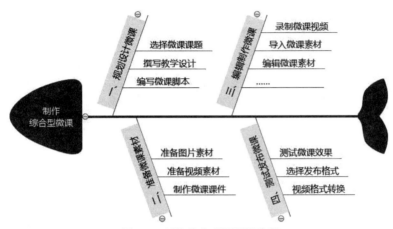

图 7-1 制作综合型微课的流程

7.1.1 选择微课课题

人教版高中化学必修一第三章的内容是《铁 金属材料》，课程标准的要求是"结合真实情境中的应用实例或通过实验与探究，了解钠、铁及其重要化合物的主要性质，了解这些物质在生产、生活中的应用"。准备一节《常见金属的化学性质》微课，让学生通过学习，知道铁、铝等常见金属与氧气的反应，初步了解常见金属与盐、硫酸的置换反应，知道金属的活动性顺序，并能用金属活动性顺序解释一些与日常生活有关的化学问题，通过实验与探究，提高学生从细微实验现象差别分析得出实验结论的能力、培养勇于探索、求真务实的科学精神。

7.1.2 撰写教学设计

微课虽然时间短，但也需要进行科学规范的教学设计，让教师在较短的时间内，选用最恰当的教学方法和策略讲清、讲透知识点，确保微课能满足学习者的需求，微课《常见金属的化学性质》教学设计如表 7-1 所示。

表 7-1 微课《常见金属的化学性质》教学设计

【教学目标分析】
1. 知道铁、铝、铜等常见金属与氧气的反应；
2. 初步认识常见金属与盐酸、稀硫酸的反应；

(续表)

3. 初步认识常见金属与某些金属化合物溶液的反应;

4. 知道置换反应的概念并能解释一些与日常生活有关的问题

【学习者分析】
《铁 金属材料》是在学习了金属及其化合物性质的基础上,进一步学习金属材料应用的相关知识。学生在初中学过与该节内容相关的知识,完全有能力自主学习本节课的内容。所以本节课的主要内容就是讲解化学知识在生活中的应用,充分调动学生的积极性,使学生产生学以致用的想法,并能对今后的化学学习起到推动作用

【内容需求分析】
新课标强调学生的动手能力,而实验是学生化学学科核心素养形成和发展的重要平台,为学生化学学科核心素养提供了真实表现机会。第三章《铁 金属材料》学业要求:了解常见金属材料对社会发展的价值及对环境的影响,并能有意识地运用所学的知识或寻求相关证据参与有关金属材料的社会性议题的讨论。在学习前,适当地使学生了解一点常见金属的知识,有助于学生学习本章内容

【教学方法选择】
采用学习类比及实验演示推导的教学方法。 教学媒体:教学课件、新闻及演示实验视频

【教学过程】	
导入	播放视频"国宝档案——雷峰塔下的吴越佳奇",进而引出不同的金属所具有的化学性质会有所差别,那么金属具有哪些具体的化学性质呢
讲解	首先,了解金属与氧气的反应,通过实验发现,不同的金属与氧气反应的现象和所需的条件不尽相同,进而得出,钠、镁、铝活泼,铁、铜次之,金最不活泼。 除此之外,很多金属也能与盐酸、稀硫酸反应,通过观看实验视频得出,镁、铝、锌、铁与盐酸反应释出气体,而铜不能,铁能将铜从盐酸溶液中置换出来,体现了金属在水溶液中活动性的先后顺序,并引出了置换反应的概念
练习	金属与盐酸的反应如下图所示。下列说法正确的是(　　)。  A. 实验室可用铜和稀盐酸制氢气 B. 实验室可用锌和稀盐酸制氢气 C. 铁可以把锌从硫酸锌溶液中置换出来 D. 铁与稀盐酸反应的化学方程式为:$2Fe+6HCl = 2FeCl_3+3H_2\uparrow$ 根据漫画中四种金属的表现可知:金属铜在盐酸中无明显现象,即铜不与盐酸反应,所以 A 错误;漫画中锌的活泼性较强,能与盐酸反应,实验室可用锌和稀盐酸反应制氢气,所以 B 正确;通过前面的学习我们知道,较活泼的金属能够把较不活泼的金属从它们化合物的溶液中置换出来,而漫画中的现象表明锌更活泼,所以 C 错误;铁和盐酸反应生成氯化亚铁和氢气,正确的化学方程式如下 $Fe+2HCl = FeCl_2+H_2\uparrow$,所以 D 也错误。因此本题正确答案为 B 选项

（续表）

总结	可以看到这个反应的特点是单质与化合物反应生成化合物和单质，所以它也属于置换反应。更多的实验事实表明：较活泼的金属能够把较不活泼的金属从它们化合物的溶液中置换出来。这是金属活动性顺序的重要判据

7.1.3　编写微课脚本

微课的脚本是按照教学过程，用课件、教具等呈现教学内容，再根据内容确定讲解方法编写而成的。编写脚本时，应根据教学内容的需要，按照教学内容的相互联系和教育对象的学习规律，合理地进行安排和组织，以便完善教学内容，微课《常见金属的化学性质》脚本如表 7-2 所示。

表 7-2　微课《常见金属的化学性质》脚本

本微课名称	常见金属的化学性质				
知识点来源	学科：化学　　　　年级：高一　　　　教材：人教版高中化学必修一 章节：第三章《铁　金属材料》　　　页码：P41				
教学类型	☑讲授型　　☐问答型　☑启发型　　☐讨论型　　☑演示型　　☐联系型 ☑实验型　　☐表演型　☑自主学习型　☐合作学习型　☐探究学习型　☑其他				
适用对象	已学习过初中相关知识的高一学生；复习阶段的高三学生；高中化学普通任课教师				

教学过程					
序号	环节	内容		幻灯片	时间
1	导入新课	播放视频"国宝档案"，通过雷峰塔下的银塔与大铁函的差异，引出课题		1～5	1 分 29 秒
2	明确目标	介绍本节微课要达成的学习目标		6	34 秒
3	讲解知识	各种金属与氧气的反应，钠、镁、铝活泼，铁、铜次之，金最不活泼		7～14	1 分 9 秒
4	实验验证	金属与盐酸或稀硫酸能否反应，可反映金属的活动性。较活泼的金属能够把较不活泼的金属从它们化合物的溶液中置换出来		15～24	3 分 41 秒
5	学习检测	检测金属与盐酸反应的有关知识		25	49 秒

7.1.4　设计学习任务

微课的使用者是学生，如何利用微课促进学生学习？可以在制作微课的同时设计学习任务单，指导学生用什么方法学习，使其明确学习时要完成的任务和要达成的目标，还可以让学生列出观看后存在的困惑，为教师后续教学做准备。微课《常见金属的化学性质》学习任务单如

表 7-3 所示。

表 7-3 微课《常见金属的化学性质》学习任务单

一、学习目标

1. 通过观看教学视频，知道铁、铝、铜等常见金属与氧气的反应；
2. 通过观看教学视频，初步认识常见金属与盐酸、稀硫酸的反应；
3. 通过观看教学视频，初步认识常见金属与某些金属化合物溶液的反应；
4. 通过观看教学视频，知道置换反应的概念并能解释一些与日常生活有关的问题；
5. 通过完成微课和同步进阶练习中的相关习题，逐步了解并掌握常见金属的化学性质

二、学习方法

先观看微课视频，形成正确认识，然后进行应用，从而解决问题

三、学习任务

1. 描述铁、铝、铜等常见金属与氧气反应的特点；
2. 描述常见金属与盐酸、稀硫酸的反应现象并正确书写对应的化学方程式；
3. 描述铁与硫酸铜溶液的反应现象并正确书写其化学方程式；
4. 列举常见的置换反应并说明其特点；
5. 解决同步进阶练习中的习题

四、进阶练习

1. 下列各组物质恰恰相反好完全反应，所得溶液的颜色是无色的是(D)。
   A. 铁和稀盐酸   B. 铁和稀硫酸   C. 铁与硫酸铜   D. 锌与稀硫酸
2. 比较活泼的金属可以与盐酸反应，下列金属与盐酸不反应的是(C)。
   A. Al   B. Fe   C. Cu   D. Zn
3. 日常烹饪时常有糖醋鱼这道菜，烧完菜后要尽快洗净铁锅，否则铁锅会被腐蚀，腐蚀过程主要发生的反应类型是(C)
   A. 化合反应   B. 分解反应   C. 置换反应   D. 复分解反应

五、存在的困惑

7.2 准备微课素材

制作微课时，需要根据微课脚本，收集相应的文字、图片、声音和视频动画等素材，这些素材可以通过多种途径获取。以下简单介绍通过网络获取部分图片、动画、声音素材的方法。

7.2.1 准备图片素材

根据微课《常见金属的化学性质》的教学设计可知，在讲解本节微课的知识时，要用到大量照片，如雷峰塔下发现的"鎏金银塔"和"大铁函"的照片，以及各种金属的图片

等。梳理需要的图片素材和收集这些素材需要使用的方法。

 跟我学

梳理图片收集方法

收集图片的方法有很多。根据微课的需求，找到合适、优质的图片素材，可以使微课的效果更好。

1. **梳理制作课件需要的图片**　制作《常见金属的化学性质》微课课件所需的图片素材如表 7-4 所示。请考虑还需要哪些图片，将思考后的结果填写在表中空白处。

表 7-4　《常见金属的化学性质》微课课件图片素材收集表

序号	图片素材
1	"鎏金银塔"和"大铁函"的照片
2	铁、铝、铜等各种金属的图片
3	铁、铝、铜等在氧气中燃烧的照片
4	英国化学家亨利·卡文迪许的图片
5	中国晋代葛洪及他撰写的书籍《抱朴子》的图片

2. **思考获取图片素材的方法**　获取图片素材的方法如图 7-2 所示。请思考还有哪些方法，将思考后的结果填写在图中空白处。

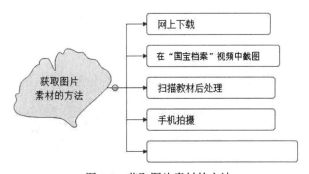

图 7-2　获取图片素材的方法

3. **收集图片素材**　使用上述方法收集制作微课所需的各种图片素材。

编辑图片素材

编辑图片素材的软件很多，选择软件时要考虑性价比，选择合适、简单的软件处理图片，可以在较短时间内获得较好的效果。

1. **分析图片需要进行的处理**　查看配套资源中的图片素材，在表 7-5 中记录处理图片素材的方法。

表 7-5　课件《常见金属的化学性质》图片素材处理方法

序号	图片素材	处理方法
1	"鎏金银塔"和"大铁函"的照片	裁剪
2	铁、铝、铜等六种金属的图片	调整成相同大小

2. **选择图片处理软件**　根据不同图片素材的处理要求，选择不同的图片编辑软件，可以选择一种，也可以选择多种软件配合使用。根据要求选择合适的软件，将其填写在图 7-3 的空白处。

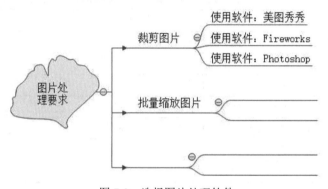

图 7-3　选择图片处理软件

3. **裁剪图片素材**　按图 7-4 所示操作，根据要求裁剪图片，保留图中的银塔部分。

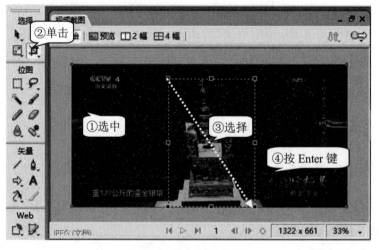

图 7-4　裁剪图片素材

4. **选择需批量处理的素材**　按图 7-5 所示操作，选择所有要缩放到相同尺寸的图片。

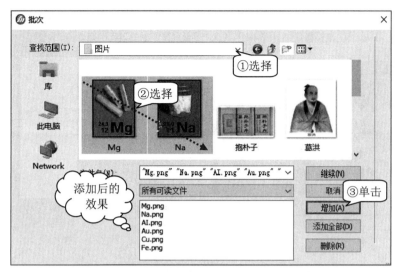

图 7-5　选择需批量处理的图片素材

5. **设置缩放大小**　按图 7-6 所示操作，将所有选中的图片，全部缩放至相同大小。

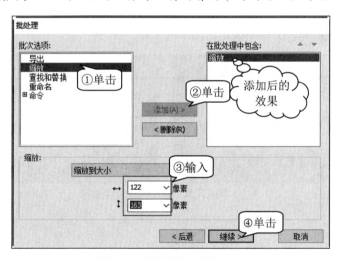

图 7-6　缩放图片至相同大小

6. **输出批量处理的图片**　将所有选中的图片按图 7-7 所示操作，缩放到相同大小后，存放到原先的文件夹中。

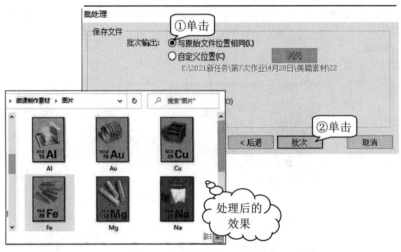

图 7-7　输出批量处理的图片

7.2.2　准备视频素材

在制作微课课件前，要考虑用什么样的视频才能更好地演示讲解，帮助学生理解。微课中需要用到很多视频素材，例如，在《常见金属的化学性质》微课课件中，需要用到雷峰塔导入视频和教师演示实验视频，如图 7-8 所示。

图 7-8　微课课件中用到的视频素材

 跟我学

梳理所需视频素材

首先要考虑微课中需要用到的视频素材和运用视频素材要达到的效果，再根据要求查找有没有现成的视频素材可以使用，如果有则处理后拿来用，如果没有则需要自己拍摄。

1. **梳理所需视频素材**　微课课件中需要用到的视频素材如图 7-9 所示，请考虑还需要什么视频，请思考后填写在图中空白处。

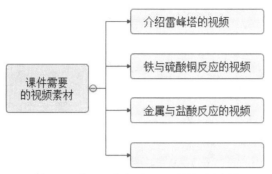

图 7-9 微课课件中需要用到的视频素材

2. **思考获取视频的方法** 获取视频的方法多种多样，如何才能收集到质量较高的视频素材？请将思考的结果填写在表 7-6 中。

表 7-6 视频内容及获取方法统计表

序号	视频内容	获取方法
1	介绍雷峰塔里的银塔与和大铁函	
2	各种金属与硫酸铜溶液反应	
3	置换反应	
4		

拍摄实验视频

　　拍摄实验视频，除了需要准备拍摄用的硬件设备外，还需要准备进行化学实验所需要的实验器材。

1. **实验准备** 拍摄演示实验"金属镁与盐酸的反应""铁与硫酸铜溶液的反应"的视频，需要准备相应的实验器材，具体内容如表 7-7 所示。

表 7-7 实验器材准备表

实验名称	需用器材
金属镁与盐酸的反应	镁条(镁粉)、铝屑、铁屑、稀盐酸，锥形瓶、试管、分液漏斗、烧杯、水、导管、橡胶塞
铁与硫酸铜溶液的反应	容器、水、滴管、硫酸铜、木棒、铁丝(铁钉)

2. **拍摄准备** 拍摄实验过程，需要选择安静的拍摄场所，准备摄像机、手机等拍摄设备，其中需要注意的是，要达到好的拍摄效果，需要准备三角架、补光灯等器材，如图 7-10 所示。

图 7-10　三角架及补光灯器材

3. **拍摄实验视频**　按照前面规划的内容，拍摄演示实验视频，完成后效果如图 7-11 所示。

金属镁与盐酸的反应

铁与硫酸铜溶液的反应

图 7-11　拍摄完成的实验视频

7.2.3　制作微课课件

各类素材收集并处理完毕后，就可以开始制作微课课件了。根据微课脚本可知，本课件除封面、封底以外，还有 23 张幻灯片，部分效果如图 7-12 所示。由于篇幅有限，下面介绍幻灯片母版和两张有代表性的幻灯片的制作方法，其他幻灯片的制作请读者参照示例自行完成。

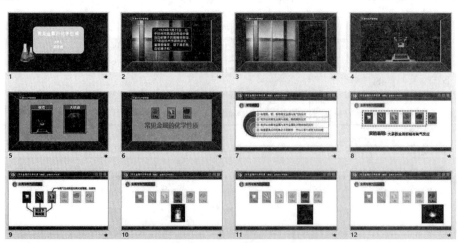

图 7-12　微课课件《常见金属的化学性质》效果图

跟我学

　　利用幻灯片母版，可以统一微课课件的风格，快速制作幻灯片。如果有幻灯片需要修改，只需要在母版中修改，同一版式的幻灯片即会随之更新。

1. **新建课件文件**　运行 PowerPoint 软件，新建文件，并以"常见金属的化学性质.pptx"为名保存文件。

2. **切换视图方式**　按图 7-13 所示操作，将幻灯片从"演示文稿"视图切换到"幻灯片母版"视图。

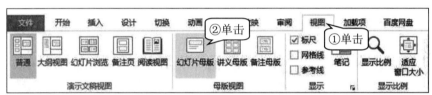

图 7-13　切换视图方式

3. **确定母版内容**　按图 7-14 所示操作，删除母版中多余的样式，保留三张幻灯片即可，分别用来制作封面、放置图片文字内容、放置视频内容。

4. **绘制矩形图案**　选中幻灯片，在画面中绘制两个矩形，按图 7-15 所示操作，将图形的颜色设置为半透明的蓝色。

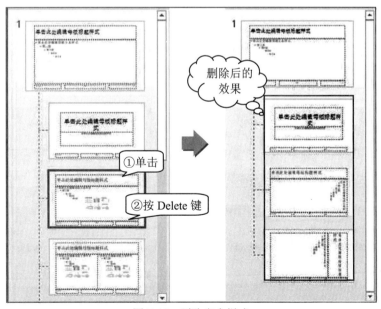

图 7-14　删除多余样式

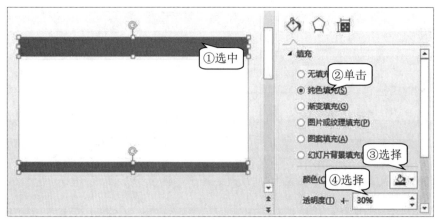

图 7-15　绘制矩形图案

5. **插入装饰图片**　在矩形图案上添加学校的标志和三个正方形半透明图案，再绘制两条白色线条，用文本框功能添加微课名称，效果如图 7-16 所示。

图 7-16　封面幻灯片标题效果

6. **设置渐变背景**　将第一张幻灯片上的图形、图案、文本全选，复制到第二张幻灯片上，按图 7-17 所示操作，将幻灯片的背景设置成渐变填充效果。

图 7-17　设置幻灯片背景

7. **查看母版效果**　按照上述方法，设置幻灯片母版中其他幻灯片的样式，效果如图 7-18 所示。

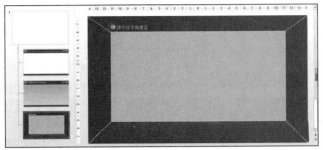

图 7-18　完成后的课件母版

排版图片

图文并茂的课件更容易激发学生的学习兴趣，在 PowerPoint 中可以对图片进行简单编辑，也可以对图片进行对齐等排版操作。

1. **插入新幻灯片**　按图 7-19 所示操作，选择母版中的样式，制作包含多张图片的幻灯片。

2. **插入图片文件**　按图 7-20 所示操作，选择并插入六张金属元素图。

3. **设置图片对齐效果**　选中幻灯片中的第一张与最后一张图片，将其调整到合适位置，再选中所有需要对齐的图片，按图 7-21 所示操作，将图片所设置成"顶端对齐"与"水平居中对齐"效果。

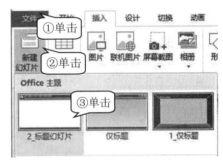

图 7-19　插入新幻灯片

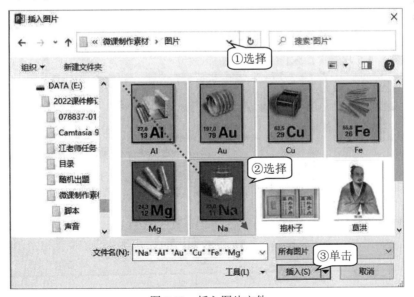

图 7-20　插入图片文件

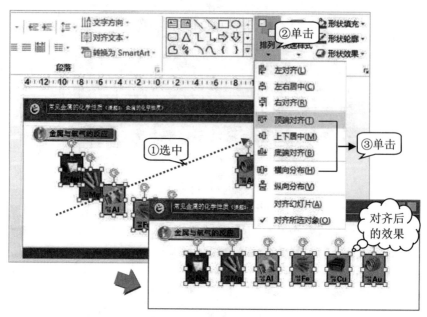

图 7-21　设置图片对齐效果

4. **调整图片颜色**　按图 7-22 所示操作，将后三张金属元素图设置成灰色，以便与前三种金属进行区分。

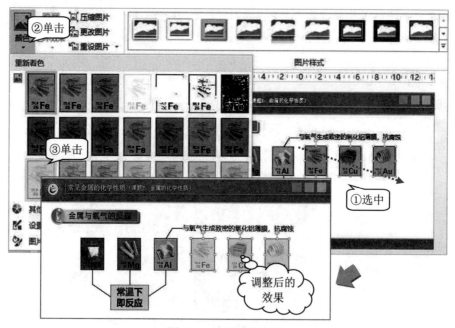

图 7-22　调整图片颜色

插入视频

在 PowerPoint 中，不仅可以插入视频、动画等素材，还可以对插入的素材等进行简单的编辑，如裁剪等。

1. **插入视频**　选中幻灯片，按图 7-23 所示操作，插入"国宝档案——雷峰塔下的吴越传奇"视频。

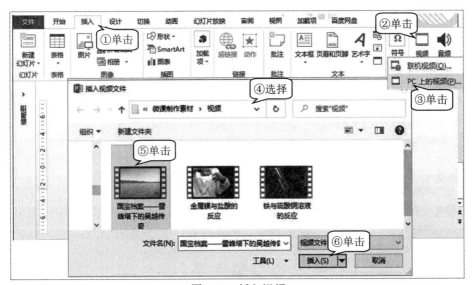

图 7-23　插入视频

2. **裁剪视频**　选中幻灯片中插入的视频文件，按图 7-24 所示操作，裁剪掉视频画面边缘多余的部分。

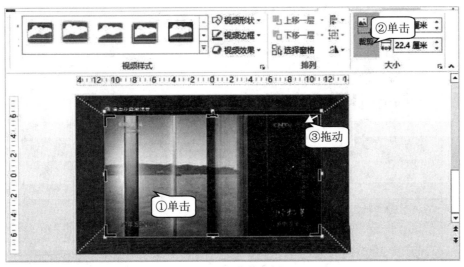

图 7-24　裁剪视频

3. **调整视频位置**　选中幻灯片中的视频,将其调整到适当位置,并缩放至合适的大小。

7.3　编辑制作微课

制作微课,需先录制视频,再根据情况进行裁剪、合并,配以标注与字幕,最后添加背景音乐与进阶练习等,才能达到预设的效果。

7.3.1　录制微课视频

使用 Camtasia Studio 录制视频,录制前需要进行录制准备,录制过程中需要根据讲解的内容,使用相应的技术,突出讲解的重点,提升微课效果。

 跟我学

> **进行录制准备**
>
> 录制前除了要选择一个好的录制环境、准备好麦克风、打开课件、关闭其他应用程序外,还需要熟悉 Camtasia Studio 软件功能,对软件进行相应的设置。

1. **新建录制文件**　运行 Camtasia Studio 软件,在"开始使用"对话框中选择"新建录制"命令。

2. **选择录制区域**　使用仿真物理实验室软件时,可选用 Camtasia Studio 软件对指定区域进行录制。按图 7-25 所示操作,自定义录制区域并进行视频录制。

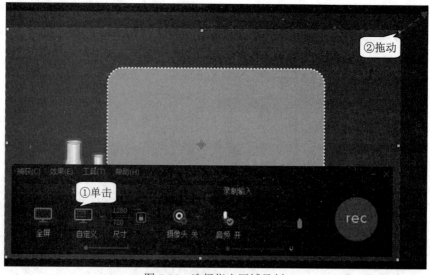

图 7-25　选择指定区域录制

在正式录制微课前，可以先进行试录，根据试录的效果调整录制屏幕的大小、录制声音的大小等。

1. **试录微课视频**　单击工具栏中的"rec"按钮(或按 F9 键)后，开始试讲课，讲完之后，按 F10 键，结束录制。

2. **播放录制视频**　播放试录文件，观看录制效果，如果有不满意的地方，再对其进行调整。

3. **调整录制音量**　按图 7-26 所示操作，将录制音量调整到合适位置。

图 7-26　调整录制音量

4. **录制微课片段**　调试完成之后，边演示课件边讲解，分段录制视频，并将其分别存入计算机相应的文件夹中。

7.3.2　编辑微课素材

在 Camtasia Studio 中不仅可以录制视频，还可以导入各种素材，如图片、视频、声音等，并对这些素材进行处理。

 跟我学

在制作微课的过程中，可以边导入素材边制作，也可以一次将准备的素材导入后，进行加工，处理好后，再集中制作。

1. **导入微课素材**　将制作微课需要用到的素材(如声音、图片、视频等)，全部导入 Camtasia Studio 软件中，效果如图 7-27 所示。

2. **查看视频素材**　依次浏览"媒体箱"中的视频素材，在表 7-8 中记录每段视频中需要处理的问题及处理方法。

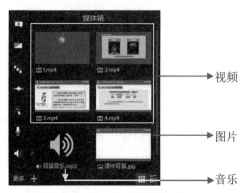

图 7-27   导入的微课素材

表 7-8   视频存在的问题及处理方法

视频片段	存在问题	处理方法
1.mp4	视频后面 17 秒重复	剪掉视频 1:13 秒后的内容
2.mp4		
3.mp4		
4.mp4		

选择 Camtasia Studio 技术

　　使用 Camtasia Studio 制作微课时，不可能使用 Camtasia Studio 中的所有技术，如何使用合适的技术突出讲解的内容并达到好的讲解效果？

1. **了解常用的辅助技术**　除了图 7-28 中列出的 Camtasia Studio 制作技术，想一想还有什么技术能够使制作出的微课效果更好？

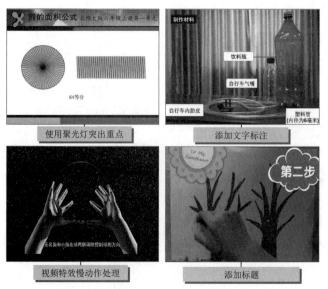

图 7-28   Camtasia Studio 中的常用技术

2. **梳理 Camtasia Studio 技术**　根据已有的微课素材，梳理在使用 Camtasia Studio 制作微课时需要用到的技术，请将思考的结果填写在图 7-29 中。

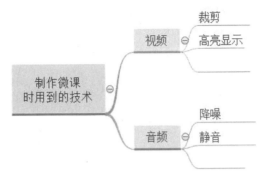

图 7-29　梳理制作微课时需要用到的技术

编辑视频素材

　　录制完微课后，可以在 Camtasia Studio 中对录制的视频片段进行编辑，如剪掉不需要的视频、添加背景音乐、消除杂音等。

---

1. **添加视频片段**　按图 7-30 所示操作，将视频"1.mp4"拖到时间轴上。

图 7-30　添加视频片段

2. **剪辑视频片段**　播放视频，找出视频中多余的部分，按图 7-31 所示操作，将多余的部分删除。

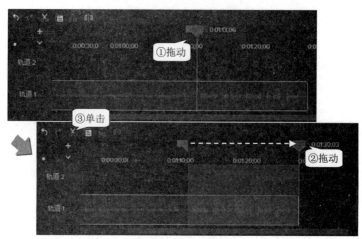

图 7-31　裁剪视频

调整声音效果

在 Camtasia Studio 中，可以添加背景音乐，或将视频中的音频分离出来，并对分离后的音频进行处理，如消除杂音等。

1. **检查声音效果**　与检查视频效果的方法一样，边听边将视频中存在的声音问题及处理方法填写在表 7-9 中。

表 7-9　微课中存在的声音问题及处理方法

序号	视频片段	声音问题	处理方法
1	1.mp4	1 分 10 秒后出现噪声	消除声音

2. **分离音频与视频**　按图 7-32 所示操作，将声音分离出来。

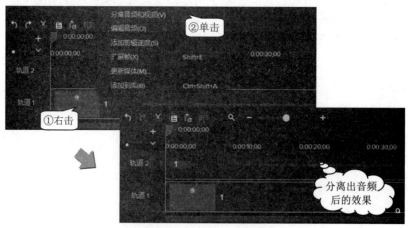

图 7-32　分离音频与视频

3. **去除声音**　按图 7-33 所示操作，将选择的声音部分设置为静音，去除声音。

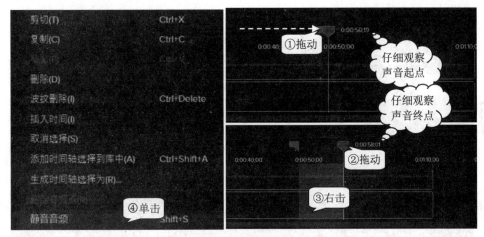

图 7-33　去除声音

4. **试听声音**　播放视频，从头到尾仔细检查一遍，注意试听声音，如果有不满意的地方，用上面的方法进行处理；如果有噪声，可以使用降噪命令进行处理，直到对声音效果满意。

添加强调效果

在 Camtasia Studio 中可以对录制的视频片段进行编辑，如添加强调效果等。

1. **设置变焦**　按图 7-34 所示操作，设置变焦将视频进行放大，突出实验结果。

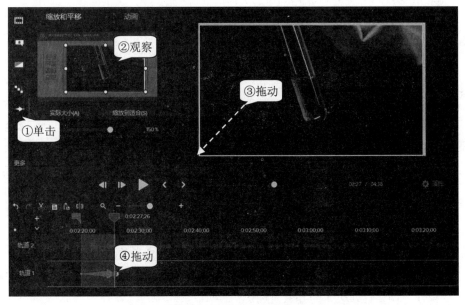

图 7-34　变焦放大实验结果

2. **高亮显示**　按图 7-35 所示操作，通过添加标注，将实验结果进行高亮显示，突出试管中的反应细节。

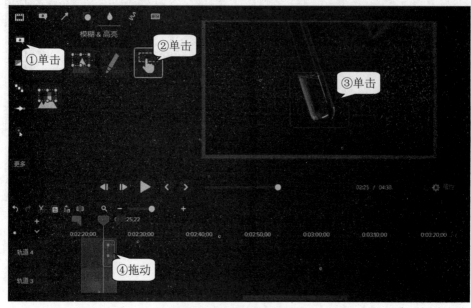

图 7-35　高亮显示实验结果

7.3.3　添加标注字幕

在微课中，如果想要突出强调某个关键点，可以为其添加标注。标注可以在制作课件时添加，也可以录好视频后再添加。

 跟我学

> **添加标注**
>
> 为了突出微课讲解的效果，可在需要学生注意的地方加上标注，例如，在《常见金属的化学性质》微课中标注正在做的实验是"金属与盐酸的反应"。

1. **添加标注**　按图 7-36 所示操作，在轨道 2 上添加标注。
2. **输入文本**　将标注移到视频的左侧，按图 7-37 所示操作，将标注中的文本修改为"金属与盐酸的反应"。
3. **调整标注文本大小**　按图 7-38 所示操作，调整标注文本的大小。
4. **调整标注文本播放时间**　标注出现的时间，往往与要标注的对象统一，按图 7-39 所示操作，调整标注文本的播放时间。

图 7-36　添加标注

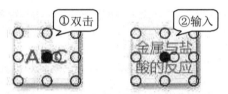

图 7-37　输入文本

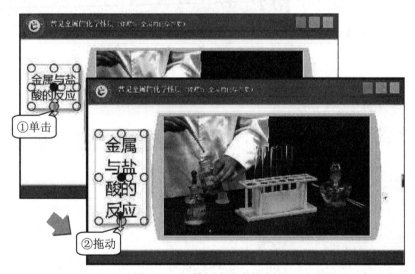

图 7-38　调整标注文本的大小

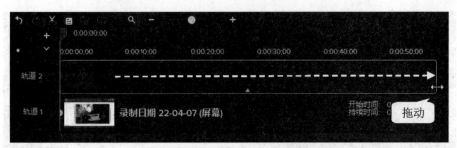

图 7-39　调整标注文本的播放时间

添加字幕

在 Camtasia Studio 中可以逐条添加字幕，如果要让微课中的全部讲解都有文字显示，可以使用同步字幕来实现。

1. **添加字幕**　选择需要添加字幕的视频对象，按图 7-40 所示操作，为视频添加字幕。

图 7-40　添加字幕

2. **设置字幕文本效果**　按图 7-41 所示操作，将字幕设置成"方正黑体简体""50 磅"，并将字幕的背景设置为半透明。

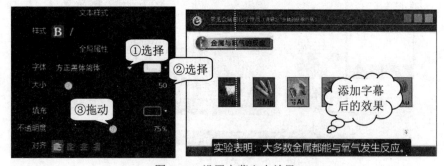

图 7-41　设置字幕文本效果

3. **调整字幕播放时间**　按图 7-42 所示操作，将字幕的播放时间与视频同步。

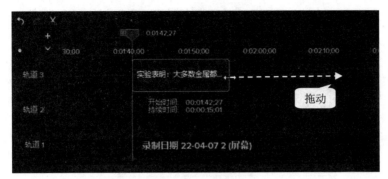

图 7-42 调整字幕播放时间

7.3.4 添加背景音乐

在 Camtasia Studio 软件中，可以去除原来视频中的声音，也可以插入声音文件，调整音量的大小，将其设置成微课的背景音乐。

 跟我学

> **添加背景音乐**
>
> 为微课添加背景音乐，可增加感染力，提高微课的教学效果，背景音乐可以在制作课件时添加，也可以在 Camtasia Studio 软件中编辑微课时添加。

1. **添加音乐** 按图 7-43 所示操作，将音乐"背景音乐.mp3"拖到时间轴上，如果一个音乐文件的时间长度不够，就继续添加。

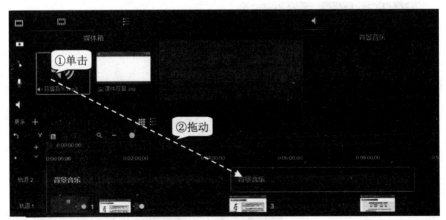

图 7-43 添加背景音乐

2. **调整音乐时长** 按图 7-44 所示操作，根据视频的时长裁剪背景音乐，使得有画面的时候始终有背景音乐。

图 7-44　调整音乐时长

设置音乐效果

为微课添加的背景音乐，在播放时音量不能过大，并且出现与消失的时候要有渐变的效果，才不显得突兀。

1. **调整音量大小**　按图 7-45 所示操作，向下拖动标志，将音量调低，试听一下效果，如果满意，将轨道上的其他音频的音量也进行相应调整。

图 7-45　调整音量大小

2. **添加淡入效果**　按图 7-46 所示操作，为背景音乐添加"淡入"效果。

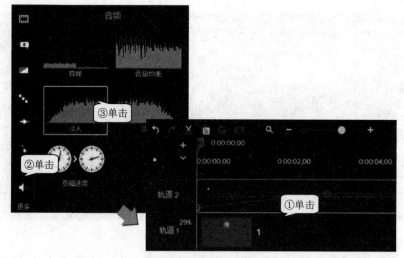

图 7-46　添加淡入效果

3. **添加淡出效果**　按照上述方法，为每段背景音乐都添加"淡出"效果。

4. **锁定背景音乐轨道** 从头播放并试听调整后的效果,如果感觉不合适再用上述方法调整,直到背景音乐的音量大小适中。按图 7-47 所示操作,锁定背景音乐轨道,也可以用同样的方法锁定其他轨道。

图 7-47 锁定背景音乐轨道

7.3.5 添加检测练习

微课中一般都配有习题,用于检测学生观看视频后的学习效果,检测题可以在课件中添加,但课件中的习题无法交互,做完之后老师也无法看到效果。这时,可以通过 Camtasia Studio 软件添加交互测试。

 跟我学

制作交互测试

在使用 Camtasia Studio 制作微课的过程中,可以在视频的任何位置添加交互测试,测试题可以是选择题、判断题、简答题等。

1. **添加测试** 将插入点定位在片段 4 后,按图 7-48 所示操作,添加"课堂练习"测试,类型选择"多项选择题"。

图 7-48 添加测试

2. **制作单项选择题** 拖动滚动条，按图 7-49 所示操作，制作单项选择题。

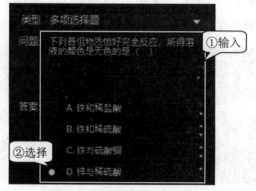

图 7-49 制作单项选择题

3. **预览习题** 按图 7-50 所示操作，预览制作的习题。

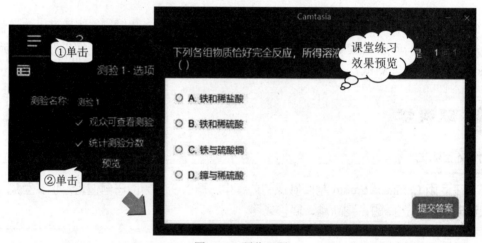

图 7-50 预览习题

设置测试反馈

通过测试，检测学生的学习成果，如果回答错误，需要返回重新学习。在重新学习的视频位置添加标记点，当回答错误时，返回此处重新学习。

1. **设置回答正确时的操作** 按图 7-51 所示操作，将回答正确时的操作设置为"继续"。
2. **添加标记点** 按图 7-52 所示操作，拖动滑块在时间轴上设置标记点，表示"测试 1"，如果测试不通过，需从此处开始重新观看视频。
3. **设置回答不正确时的操作** 按图 7-53 所示操作，将回答错误时的操作设置为"跳转到标记 1"。

图 7-51 设置回答正确时的操作

图 7-52 添加标记点

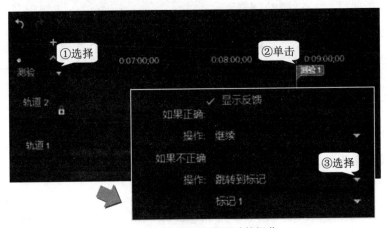

图 7-53 设置回答错误时的操作

7.4 测试发布微课

微课编辑完成后，需要发布出来，再对照原先的教学设计与脚本进行测试，验证预设的效果有没有实现，如果没有实现，再根据要求调整。

7.4.1 选择发布格式

微课编辑完成后，会有不同的使用场合，如果给学生用，则需要关注学生的学习效果，收集学生的测试结果；如果上传到网上的相关平台，则需要根据平台要求，修改视频格式或大小。

跟我学

只有将添加交互的视频发布为 MP4 加 HTML5 播放器的格式，才可以在浏览器下播放，以下以此为例介绍视频的发布过程，其他格式可以仿照操作。

1. **选择视频格式** 单击"分享"按钮，选择"自定义生成"命令，进入"生成向导"对话框，按图 7-54 所示操作，选择要生成的视频格式。

图 7-54　选择视频格式

2. **设置智能播放器选项** 按图 7-55 所示操作，设置智能播放器选项。

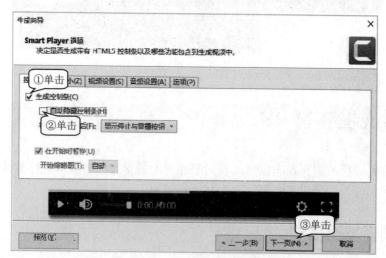

图 7-55　设置智能播放器选项

3. **设置测试结果接收邮箱**　按图 7-56 所示操作，输入收集测试结果的电子邮箱地址，
并允许学生匿名参加测试。

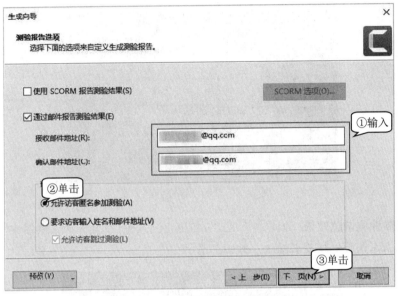

图 7-56　设置测试结果接收邮箱

4. **设置微课名称及存储位置**　按图 7-57 所示操作，将微课的名称命名为"常见金属的
化学性质"，并且存储在桌面上，方便查找。

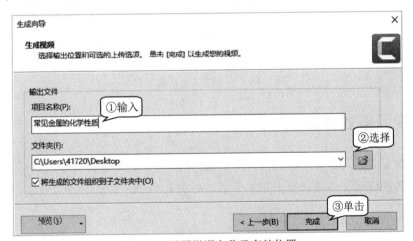

图 7-57　设置微课名称及存储位置

测试微课效果

发布为 MP4 加 HTML5 播放器的视频，需在浏览器下播放，可以分别使用浏览器
打开与播放器打开，并分别测试效果。

1. **检测微课视频效果**　分别使用浏览器与播放器打开发布的微课,根据原先的教学设计与脚本,检测微课视频效果。用浏览器打开微课,效果如图 7-58 所示。

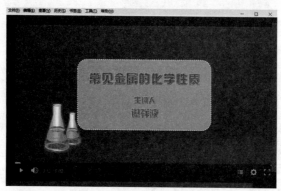

图 7-58　检测微课视频效果

2. **检查微课测试题效果**　微课学习完毕,在进行测试时,分别选择正确答案与错误答案,检测微课是否能按要求播放,如图 7-59 所示。

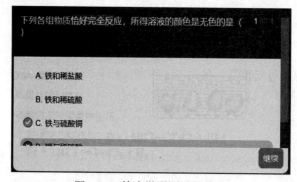

图 7-59　检查微课测试题效果

7.4.2　视频格式转换

微课制作完成后,如果需要将其上传到相关网络平台,就需要转换视频格式。现阶段,网络中对上传的视频文件格式有一定的要求,基本以“.flv”格式为主,对视频的大小也有一定的要求。

 跟我学

选择软件

能够转换视频格式,并能在不影响视频质量的前提下,对视频进行压缩处理的软件很多,可以先了解常用的视频格式转换软件。

1. **了解常用的视频格式转换软件**　在网上以"视频格式转换软件"为关键词进行搜索，在表 7-10 中记录下找到的软件及其特点。

表 7-10　常用的视频格式转换软件

序号	软件名称	特点
1	格式工厂	
2	狸窝全能视频转换器	
3		

2. **下载安装软件**　经过对比，确定自己想用的软件，并在网上下载、安装。

转换格式

在进行格式转换时，不仅要关注具体的设置，还要在转换后进行浏览，确保转换后没有影响视频的播放效果。

1. **选择视频格式**　运行"格式工厂"软件，按图 7-60 所示操作，选择输出的视频格式为"FLV"。

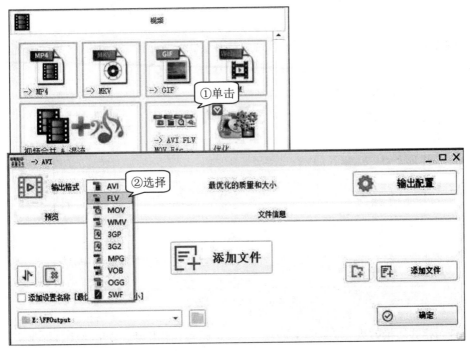

图 7-60　选择视频格式

2. **添加视频文件**　按图 7-61 所示操作，添加需要转换的视频文件。

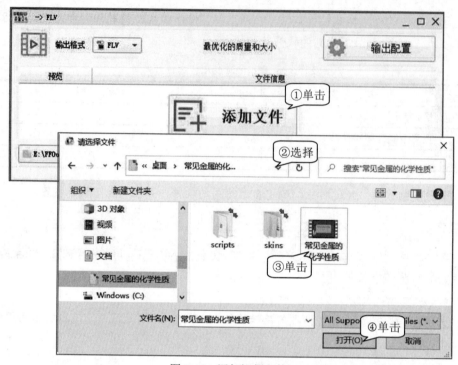

图 7-61　添加视频文件

3. **输出配置设置**　按图 7-62 所示操作，选择输出配置，在进行格式转换的同时，选择较小的屏幕，能够达到适当压缩视频大小的目的。

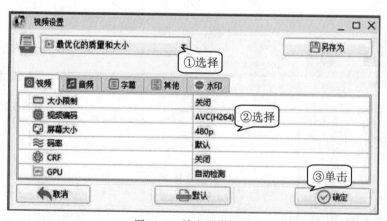

图 7-62　输出配置设置

4. **查看格式转换效果**　执行格式转换命令，进行格式转换后，使用播放器打开转换得到的文件，查看视频效果并观察测试功能是否还能实现。